CME

3rd Edition

Workbook 練習冊

繁體版

CHINESE
Made Easy
輕鬆學漢語

Yamin Ma

Xinying Li

Joint Publishing (H.K.) Co., Ltd.
三聯書店（香港）有限公司

Chinese Made Easy *(Workbook 4)* *(Traditional Character Version)*

Yamin Ma, Xinying Li

Editor	Shang Xiaomeng, Zhao Jiang
Art design	Arthur Y. Wang, Yamin Ma
Cover design	Arthur Y. Wang, Zhong Wenjun
Graphic design	Arthur Y. Wang, Zhong Wenjun, Wu Guanman
Typeset	Chen Xianying

Published by
JOINT PUBLISHING (H.K.) CO., LTD.
20/F., North Point Industrial Building,
499 King's Road, North Point, Hong Kong

Distributed by
SUP PUBLISHING LOGISTICS (H.K.) LTD.
3/F., 36 Ting Lai Road, Tai Po, N.T., Hong Kong

First published August 2003
Second edition, first impression, November 2006
Third edition, first impression, October 2015

Copyright ©2003, 2006, 2015 Joint Publishing (H.K.) Co., Ltd.

E-mail: publish@jointpublishing.com

輕鬆學漢語 *(練習冊四)* *(繁體版)*

編　　著	馬亞敏　李欣穎	
責任編輯	尚小萌　趙　江	
美術策劃	王　宇　馬亞敏	
封面設計	王　宇　鍾文君	
版式設計	王　宇　鍾文君　吳冠曼	
排　　版	陳先英	
出　　版	三聯書店（香港）有限公司	
	香港北角英皇道 499 號北角工業大廈 20 樓	
發　　行	香港聯合書刊物流有限公司	
	香港新界大埔汀麗路 36 號 3 字樓	
印　　刷	中華商務彩色印刷有限公司	
	香港新界大埔汀麗路 36 號 14 字樓	
版　　次	2003 年 8 月香港第一版第一次印刷	
	2006 年 11 月香港第二版第一次印刷	
	2015 年 10 月香港第三版第一次印刷	
規　　格	大 16 開（210×280mm）208 面	
國際書號	ISBN 978-962-04-3708-3	

© 2003, 2006, 2015 三聯書店（香港）有限公司

目錄

第一課　我的家庭

課文 1

1 用所給詞語填空

| 除了……以外，……還…… | 不管……都…… | 既……又…… |
| 因為……，所以…… | 只要……就…… | 雖然……，但是…… |

1) _____我父母工作繁忙，_____他們十分關心我的學習。

2) _____遇到什麼事情，我們姐妹_____願意跟父母講。

3) _____我們互相理解，問題_____好解決。

4) 我和妹妹的關係很好。我們_____是姐妹_____是朋友。

5) _____小時候父母對他不嚴格，_____他養成了一些壞習慣。

6) _____發電郵_____，我_____常常給她打電話。

2 完成句子

1) 我跟父母的關係不太好。我們_____

2) 我父母工作繁忙。他們_____

3) 我覺得一家人應該互相_____

4) 有時候我也會跟哥哥吵架，但是_____

5) 一家人應該多交流，_____

6) 父母很少生我們的氣，因為_____

7) 父母總是耐心地聽我們講，_____

3 寫反義詞

1) 開心 → _____   2) 上課 → _____   3) 借 → _____   4) 錯 → _____

5) 古老 → _____   6) 壞處 → _____   7) 瘦 → _____   8) 舊 → _____

9) 室外 → _____   10) 飽 → _____   11) 熱 → _____   12) 硬 → _____

4 閱讀理解

chéng gōng jiǎng táng
成功父母大講堂
chéng zhǎng
如何跟孩子一起成長

zhǔ bàn fāng
主辦方：上海市教育局

yǎn jiǎng zhě
演講者：華東師範大學教授、中國青少年
shī fàn jiào shòu

yán jiū zhǔ rèn xiào zhǎng
研究中心主任、上海中學校長

jiǎng zuò
講座一：好的家庭關係對孩子的成長很重要
shī fàn jiào yù xì
（華東師範大學教育系主任王立教授）

jiàn lì
講座二：怎樣建立良好的家庭關係
xīn lǐ xué chén
（華東師範大學心理學系副主任陳林教授）

chóng xīn
講座三：重新理解、認識孩子
chǔ
（中國青少年研究中心主任黃楚先生）

guǎn jiào qīng chūn qī
講座四：怎樣管教青春期的孩子

（上海中學校長李復新先生）

zī xún
諮詢電話：62880001；62880002

qún
家長QQ羣：29906666

wǎng zhàn
網站：www.parenting.edu.cn

A 寫意思

1) 成長：_____

2) 演講者：_____

3) 教育系：_____

4) 青春期：_____

B 選擇

1) 去聽講座的人可能是
_____。

a) 學生

b) 家長

c) 老師

2) 去聽講座的人想知道
_____。

a) 家長應該怎樣管教
十幾歲的孩子

b) 孩子應該怎樣跟父
母建立良好的關係

c) 學校比家庭重要

5 寫意思

① 我父母的工作很**繁忙**。
（　　　　　）

上海是一個**繁華**的大都市。
（　　　　　）

② 不管有什麼**煩惱**，我都願意跟父母講。（　　　　　）

我弟弟很**煩人**，我經常跟他吵架。（　　　　　）

③ 我父母十分關心、**愛護**我。
（　　　　　）

叔叔過分**寵愛**堂妹。她要什麼叔叔就給她買什麼。
（　　　　　）

④ 一家人要多**交流**、多溝通。
（　　　　　）

這個新住宅小區**交通**很不方便，離巴士站非常遠。
（　　　　　）

6 造句

① 愛護：

② 願意：

③ 解決：

④ 理解：

⑤ 支持：

⑥ 溝通：

我家有四口人：爸爸、媽媽、哥哥和我。我們一家人相親相愛。

我爸爸是一家電腦公司的經理。他對自己要求很高，對我們也很嚴格。我媽媽是中文老師。她很善良，很有愛心。她脾氣很好，很少跟我們生氣。

我爸爸工作繁忙，週末會把工作帶回家做，還常常出差。我媽媽工作沒有爸爸忙。每天晚飯以後，媽媽總是關心我和哥哥的生活和學習。不管我和哥哥遇到什麼事情、有什麼煩惱，我們都願意跟媽媽講。媽媽總是耐心地聽，及時地給我們幫助。

我覺得如果爸爸的工作不那^{nà}麼忙，他也一定會抽出更多的時^{chōu chū}間關心我和哥哥。我認為一家人要互相關心、互相理解、互相支持。我很理解爸爸的難處^{nán chù}。我愛我的家人。

A 寫意思

1) 那麼：＿＿＿＿＿＿＿＿

2) 抽出時間：＿＿＿＿＿＿＿＿

3) 難處：＿＿＿＿＿＿＿＿

B 回答問題

1) 他爸爸做什麼工作？他經常出差嗎？

2) 他媽媽的性格怎麼樣？

3) 爸爸和媽媽誰更關心他的學習和生活？

4) 他跟媽媽的關係怎麼樣？

5) 他會因為爸爸沒有花更多時間關心他的學習和生活生氣嗎？為什麼？

C 寫短文

介紹你們一家。你要寫：

· 家庭成員

· 父母的性格

· 你跟父母的關係

· 你們在哪些方面可以做得更好

8 寫意思

① 互相：＿＿＿＿＿
　相信：＿＿＿＿＿
　相同：＿＿＿＿＿
　相框：＿＿＿＿＿

② 愛護：＿＿＿＿＿
　可愛：＿＿＿＿＿

③ 吵架：＿＿＿＿＿
　書架：＿＿＿＿＿

④ 解決：＿＿＿＿＿
　理解：＿＿＿＿＿

⑤ 及時：＿＿＿＿＿
　及格：＿＿＿＿＿

⑥ 交流：＿＿＿＿＿
　流行：＿＿＿＿＿

⑦ 溝通：＿＿＿＿＿
　通常：＿＿＿＿＿

⑧ 社工：＿＿＿＿＿
　工作：＿＿＿＿＿

9 看圖寫短文

①

②

③

④

你可以用

a) 我們一家人相親相愛。

b) 雖然父母工作繁忙，但是他們十分關心、愛護我們。

c) 我跟哥哥有時候也會吵架。

d) 一家人應該多溝通、多交流。

e) 只要互相理解，問題就好解決。

10 用所給詞語填空

> 不論……都……　　因為……，所以……　　只要……就……
>
> 一……就……　　不僅……，而且……　　雖然……，但是……

1) _____父母提的建議有道理，我_____會照着做。

2) 我跟父母_____是晚輩和長輩的關係，_____是朋友的關係。

3) 媽媽_____聽到我這次漢語考試不及格_____對我發火了。

4) _____遇到快樂的事情還是難過的事情，我_____願意跟父母分享。

5) _____我對畫畫兒很感興趣，_____我決定在大學裏學美術。

6) _____我父母工作繁忙，_____他們非常關心我的生活和學習。

11 用所給詞語完成句子

1) 父母從小就_____（培養）

2) 父母要求我_____（靠）

3) 父母經常鼓勵我_____（學習）

4) 在家裏，我可以_____（發表）

5) 父母經常坐下來_____（耐心）

6) 我認為我父母是_____（最好）

7) 生活在這樣一個溫暖的家庭，我_____（幸福）

12 閱讀理解

秋月和秋文是姐妹倆。她們相差兩歲，*xiāng chà* 但是長得一樣高。她們姐妹倆在同一所學校上學，一個上十一年級，一個上十年級。

秋月對各門課程都非常感興趣。她對自己要求很高，門門課都想拿第一名，所以她的學習成績很好。秋文的成績沒有秋月好，但是她的脾氣特別好，從來都不發火。她們倆都很獨立、很有責任心，因為父母從小就要求她們自己的事情自己做，不能靠別人。

她們姐妹倆關係很好，互相關心、互相支持。不論遇到快樂的事情還是難過的事情，她們都一起分享。如果遇到困難，她們會一起想辦法，*bàn fǎ* 一起解決問題。在學習上，秋月常常幫助妹妹，鼓勵她努力學習。她們既是姐妹又是朋友。

A 寫意思

1) 相差：_____

2) 辦法：_____

B 判斷正誤

□ 1) 姐姐比妹妹高一個年級。

□ 2) 秋月很喜歡學習。

□ 3) 秋月的性格很溫和。

□ 4) 秋月和秋文從小就很獨立。

□ 5) 她們姐妹倆有時會遇到不開心的事情。

C 回答問題

1) 秋月比秋文大幾歲？

2) 秋月和秋文誰學習比較好？

13 寫意思

① {決定：_____ 一定：_____}

② {道理：_____ 味道：_____}

③ {發火：_____ 發表：_____}

④ {難過：_____ 難忘：_____}

⑤ {意見：_____ 意思：_____}

⑥ {耐心：_____ 愛心：_____}

① 對……好　解決：

④ 對……感興趣　成績：

② 對……發火　脾氣：

⑤ 對……的印象很好　機會：

③ 對……嚴格　善良：

⑥ 對……的要求很高　繼續：

15 根據實際情況回答問題

1) 你是獨生子／獨生女嗎？父母關心你嗎？

2) 你跟父母的關係怎麼樣？你常跟他們分享哪些事？

3) 父母經常鼓勵你嗎？他們常鼓勵你做什麼？

4) 父母對你的要求高嗎？他們有哪些要求？

5) 你聽父母的話嗎？如果你不聽父母的話，他們會生氣嗎？

6) 父母經常對你發火嗎？你會跟父母吵架嗎？你們上次是為什麼吵架的？

16 讀一讀，寫一寫

家應該是帶來溫暖、快樂的地方。父母應該多關心孩子的身心健康。在生活上，父母要從小培養孩子獨立、自信的性格，讓他們學會自己的事情自己做。在學習上，如果孩子有困難，父母應該想辦法幫助他們解決問題、鼓勵他們繼續努力。

但是，一些家長工作太忙了，不能及時跟孩子溝通。如果孩子的學習成績不好，他們會怪(guài)孩子，甚至(shèn zhì)可能會打孩子。生活在這樣的家庭裏，孩子可能會學壞、做一些不該做的事情，比如逃學(táo xué)等。

還有一些家長在生活上對孩子要求很低，孩子要什麼就給什麼；但是在學習上對孩子的要求非常高，希望他們每門課都得高分。家長還常常要求孩子課後學很多東西，比如彈鋼琴、拉小提琴、打高爾夫球等。這樣對孩子的成長也不好。

A 你認為在生活上家長應該對孩子提什麼要求？

-
-
-

B 你認為在學習上家長應該對孩子提什麼要求？

-
-
-

17 完成句子

1) 病人感動地說_____

2) 媽媽高興地說_____

3) 老師耐心地說_____

4) 妹妹興奮地說_____

很多父母都望子成龍、望女成鳳（wàng zǐ chéng lóng、wàng nǚ chéng fèng），希望子女以後的生活比自己的好。可是有時候子女不能理解父母的想法，有時候還會跟父母吵架。

在青少年眼裏，理想的父母應該：第一，不在別人面前說子女的缺點（quē diǎn）。第二，不要總是把子女跟其他孩子比較（bǐ jiào）。第三，不管多麼忙，都願意停下手中的事，與子女及時地溝通，瞭解他們的想法或煩惱。第四，尊重（zūn zhòng）子女的意見和決定，例如買什麼樣的衣服、怎麼佈置（bù zhì）自己的房間等。第五，多鼓勵、支持子女，讓他們對自己有信心，比如子女考試成績不理想（lǐ xiǎng）的時候，要鼓勵他們繼續努力，爭取（zhēng qǔ）下次得到更好的成績。第六，要尊重子女的隱私（yǐn sī），不隨（suí）便（biàn）看子女的電郵、信件（xìn jiàn）等。

A 選擇（答案不只一個）

青少年希望父母_____。

a) 不在別人面前說他們的缺點

b) 理解和關心他們的生活

c) 能聽聽他們的意見

d) 多鼓勵他們，培養他們的自信心

e) 不要因為他們的考試成績生氣

f) 不要給他們寫信

B 回答問題

1) "望子成龍"和"望女成鳳"是什麼意思？

2) 父母跟子女會因為什麼事吵架？

19 造句

1) 發表　意見：_____

2) 提出　建議：_____

3) 解決　問題：_____

4) 做出　決定：_____

我父母從小就培養我獨立、自信的性格。從五六歲起，一家人去超市時，父母會讓我提着買的東西。一家人外出旅行時，父母會讓我自己收拾自己的行李。

十歲那年，我一個人坐飛機去北京跟爺爺奶奶過暑假。在北京我還幫爺爺奶奶做一些簡單的家務，比如洗菜、擦桌子、擺碗筷等。

上中學後，父母鼓勵我做力所能及的家務，比如炒簡單的菜、收拾房間、洗衣服等。父母每個月都給我兩百塊零用錢，讓我自己決定怎麼花。每年生日，我都自己決定怎麼過。每次去國外旅行，我都會幫忙在網上訂旅館、租車等。家裏的一些事情，父母也總是鼓勵我發表自己的意見。

生活在這樣的家庭，我感到非常溫暖、幸福。

A 配對

□ 1) 她從小就很獨立，

□ 2) 十歲那年，

□ 3) 她每個月有兩百塊零用錢，

□ 4) 她覺得生活在這樣的家庭

    a) 父母鼓勵她一個人去旅行。

    b) 她是在北京過暑假的。

    c) 可以自己決定怎麼花。

    d) 非常幸福。

    e) 一個人去超市買菜。

    f) 自己的事情自己做。

B 回答問題

1) 上中學後，她會做哪些力所能及的家務？

2) 去國外旅行時，她會幫忙做什麼？

C 寫短文

介紹你自己。你要寫：

· 父母對你有什麼要求

· 父母從小怎麼培養你

· 你做得怎麼樣

盤古開天地

傳説很久以前，宇宙就像一個大雞蛋。這個大雞蛋裏有一個叫盤古的巨人。大約過了一萬八千年，盤古醒了。他睜開雙眼，發現周圍黑黑的。他非常惱怒，揮動雙臂向黑暗打去。只聽一聲巨響，大雞蛋破裂了，其中輕的東西慢慢上升，變成了藍藍的

天空。重的東西慢慢下降，變成了厚厚的大地。盤古擔心天地會再合上，就用手頂住天，用腳踏住地。每天，天都升高一丈，地都加厚一丈，盤古也長高一些。又過了一萬八千年，天越來越高，地越來越厚，盤古也長得非常高了。

盤古臨死前，他的身體發生了很大的變化。他的左眼變成了太陽，右眼變成了月亮，頭髮和鬍鬚變成了天空中的星辰，牙和骨頭變成了地下的寶藏，汗水變成了雨露，血液變成了江河湖海。

生詞

pán gǔ
❶ 盤古 Pan Gu, creator of the universe in Chinese mythology

tiān dì
❷ 天地 universe

chuán shuō
❸ 傳説 legend

yǔ zhòu
❹ 宇宙 universe

jù rén
❺ 巨人 giant

xǐng
❻ 醒 wake (up)

zhēng
❼ 睜 open (the eyes)

fā xiàn
❽ 發現 find

nǎo nù
❾ 惱怒 furious

huī dòng
❿ 揮動 wave

bì
⓫ 臂 arm

hēi àn
⓬ 黑暗 dark

shēng
⓭ 聲 a measure word

xiǎng
⓮ 響 sound

pò liè
⓯ 破裂 break

qīng
⓰ 輕 light

shàng shēng
⓱ 上升 rise

biàn chéng
⓲ 變成 change into

tiān kōng
⓳ 天空 sky

xià jiàng
⓴ 下降 descend

hòu
㉑ 厚 thick

dà dì
㉒ 大地 earth

hé
㉓ 合 join

dǐng
㉔ 頂 hold or carry on the head

tà
㉕ 踏 tread

zhàng
㉖ 丈 a unit of length

jiā
㉗ 加 increase

lín sǐ
㉘ 臨死 on one's deathbed

shēn tǐ
㉙ 身體 body

fā shēng
㉚ 發生 occur

biàn huà
㉛ 變化 change

hú xū
㉜ 鬍鬚 beard

xīng chén
㉝ 星辰 stars

gǔ tou
㉞ 骨頭 bone

dì xià
㉟ 地下 underground

bǎo zàng
㊱ 寶藏 buried treasure

hàn shuǐ
㊲ 汗水 sweat

yǔ lù
㊳ 雨露 rain and dew

xuè yè
㊴ 血液 blood

jiāng
㊵ 江 river

hé
㊶ 河 river

hú
㊷ 湖 lake

hǎi
㊸ 海 sea

A 回答問題

1) 盤古睜開眼睛看到的宇宙什麼樣？

2) 大雞蛋裏輕的東西變成了什麼？重的東西呢？

3) 盤古為什麼要用手頂住天，用腳踏住地？

B 填空

盤古臨死前，他的_____發生了很大的變化。他的左眼變成了_____，右眼變成了_____，頭髮和鬍鬚變成了天空中的_____，牙和骨頭變成了地下的_____，汗水變成了_____，血液變成了_____。

C 寫反義詞

| 黑暗　惱怒 |
| 上升　天空 |

1) 高興→ _____　　2) 光明→ _____

3) 下降→ _____　　4) 大地→ _____

D 寫意思

1) 揮 $\begin{cases} 揮動 \\ 揮手 \end{cases}$ wave

2) 響 $\begin{cases} 響聲 \\ 音響 \end{cases}$ sound

3) 破 $\begin{cases} 破裂 \\ 破壞 \end{cases}$ break

4) 踏 $\begin{cases} 踏步 \\ 踏青 \end{cases}$ tread

22 讀成語，配對

□ 1) 助人為樂 (zhù rén wéi lè)　　　　a) 什麼也沒有。

□ 2) 一模一樣 (yì mú yí yàng)　　　　b) 吸引人們注意 (zhù yì)。

□ 3) 一無所有 (yì wú suǒ yǒu)　　　　c) 該有的全都有。

□ 4) 應有盡有 (yīng yǒu jìn yǒu)　　　d) 幫助別人就是快樂。

□ 5) 引人注目 (yǐn rén zhù mù)　　　e) 樣子完全 (wán quán) 相同。

第二課　對我有影響的人

課文 1

1 用所給詞語填空

| 精彩　聞名　出色　刻苦　時尚　幸福　棒　酷 |

1) 這場足球賽，我們學校的足球隊踢得太_____了！

2) 林丹是一個很有個性的運動員。他看起來很_____。

3) 她媽媽是著名的電影演員。她演的電影都十分_____。

4) 我們的英文老師長得很漂亮，穿着也很_____。

5) 西安是世界_____的古城，每年都有很多遊客去那裏旅遊。

6) 生活在這樣一個温暖的家庭，我感到非常_____。

7) 我姐姐又聰明又_____，次次考試都得第一名。

8) 他是一位_____的運動員，在 2008 年的奧運會上得了冠軍。

2 找同類詞語填空

① **球類運動**

網球　_____　_____

_____　_____　_____

_____　_____　_____

② **工作**

建築師　_____　_____

_____　_____　_____

_____　_____　_____

李安是世界著名的導演(dǎo yǎn)。他在台灣出生、長大，1978年移居美國(yí jū)，學習電影專業(zhuān yè)。畢業後，他沒有找到理想的工作。他在家裏做飯、照顧孩子，當了六年"家庭主夫"，靠太太工作賺錢(zhuàn qián)養家。

1988年，李安回到台灣發展(fā zhǎn)。1991年，他導演的第一部電影《推手》(tuī shǒu)讓他一下子出名(chū míng)了。2001年，他導演的《臥虎藏龍》(wò hǔ cáng lóng)獲得了奧斯卡最佳(ào sī kǎ zuì jiā)外語片獎、最佳藝術指導獎(yì shù zhǐ dǎo jiǎng)、最佳攝影獎(shè yǐng)和最佳原創配樂(yuán chuàng pèi yuè)獎。2005年，他導演的《斷背山》(duàn bèi shān)獲得了奧斯卡最佳導演獎、最佳改編劇本獎(gǎi biān jù běn)與最佳電影配樂獎(yǔ)。2012年，李安的首部3D電影《少年派的奇幻漂流》(shào nián pài de qí huàn piāo liú)獲得了第85屆(jiè)奧斯卡最佳導演獎。李安是唯一(wéi yī)一位兩次獲得奧斯卡最佳導演獎的亞洲導演。

身為世界級大導演，李安沒有架子(jià zi)，總是為別人着想(zhuó xiǎng)，因此(yīn cǐ)他能跟不同性格的人合作(hé zuò)。

A 寫意思

1) 導演：＿＿＿＿＿＿＿＿＿＿

2) 賺錢：＿＿＿＿＿＿＿＿＿＿

3) 最佳：＿＿＿＿＿＿＿＿＿＿

4) 唯一：＿＿＿＿＿＿＿＿＿＿

5) 合作：＿＿＿＿＿＿＿＿＿＿

B 選出四個正確的句子

☐ 1) 李安在美國學的電影專業。

☐ 2) 李安在美國當了十年"家庭主夫"。

☐ 3)《推手》是李安導演的第一部電影。

☐ 4)《臥虎藏龍》獲得了三項奧斯卡獎。

☐ 5) 李安獲得了兩次奧斯卡最佳導演獎。

☐ 6) 雖然李安是一個大導演，但是他沒有架子。

C 回答問題

1) 李安剛畢業時有工作嗎？

2) 為什麼李安能跟不同性格的人合作？

4 寫意思

① { 球迷：_____
    迷路：_____ }

② { 聞名：_____
    著名：_____ }

③ { 獲得：_____
    得到：_____ }

④ { 單打：_____
    菜單：_____ }

⑤ { 精彩：_____
    水彩：_____ }

⑥ { 個性：_____
    性格：_____ }

5 完成句子

1) _____太漂亮了！

2) _____可好吃了！

3) _____精彩極了！

4) _____好得不得了！

5) _____吵得要命！

6) _____十分幸福！

6 閱讀理解

香港杜莎夫人蠟像館位於香港太平山頂。這是杜莎夫人蠟像館在亞太地區設立的第一個分館。館裏展出了大約一百位外國、中國內地和香港名人的蠟像，有中國政治名人孫中山、毛澤東、鄧小平，鋼琴家郎朗，功夫巨星李連杰、成龍，台灣藝人周杰倫，另外還有很多外國影星、歌星、球星、歷史名人等。

A 寫意思

1) 位於：_____
2) 地區：_____
3) 設立：_____
4) 展出：_____
5) 政治：_____
6) 藝人：_____

B 判斷正誤

☐ 1) 蠟像館裏展出的都是中國內地、香港和台灣名人的蠟像。

☐ 2) 蠟像館裏有成龍的蠟像，也有周杰倫的蠟像。

☐ 3) 蠟像館裏有國際影星的蠟像。

7 選擇

a) "吧" 表示推測
b) "吧" 表示建議

1) 你已經決定今年暑假去北京學漢語了吧？ （　　）

2) 明天下午我們去看網球比賽吧！ （　　）

3) 你已經把作業做完了吧？ （　　）

8 閱讀理解

馬友友是一位深受西方人和東方人喜愛的世界著名大提琴演奏家。他曾多次獲得格萊美獎，還為多部有名的電影配過樂。

馬友友 1955 年在法國巴黎出生，七歲移居美國紐約。他父親是音樂教授，母親是聲樂演員。馬友友五歲開始上台演出。八歲在著名指揮家伯恩斯坦的指揮下，在美國紐約的卡耐基音樂廳演出，一夜成名。後來，馬友友在著名的朱莉亞音樂學院學習。十六歲時，他決定去哈佛大學學人類學，因為他相信有豐富文化知識的人才能真正理解音樂和表現音樂。

馬友友是一個樂觀、幽默的人。他希望用音樂增進人類的理解和交流。

A 寫意思

1) 演奏家：＿＿＿＿＿＿＿＿＿

2) 教授：＿＿＿＿＿＿＿＿＿

3) 一夜成名：＿＿＿＿＿＿＿

4) 真正：＿＿＿＿＿＿＿＿＿

B 選出四個正確的句子

☐ 1) 只有外國人喜歡馬友友。

☐ 2) 馬友友得過很多獎。

☐ 3) 馬友友小時候在法國和美國住過。

☐ 4) 馬友友的父母都是老師。

☐ 5) 馬友友十歲前就出名了。

☐ 6) 除了音樂以外，馬友友還學過人類學。

C 回答問題

馬友友認為什麼樣的人才能真正理解音樂？

1) 林丹看起來非常酷。

2) 漢語聽起來十分好聽。

3) 爸爸今天看起來不太高興。

4) 那雙鞋穿起來很不舒服。

5) 國畫學起來挺難的。

6) 他的話聽起來很有道理。

10 閱讀理解

姚明（yáo míng）是中國，也是世界出色的籃球運動員。

姚明 1980 年在上海出生。他的父母都是籃球運動員。姚明九歲開始在上海少年體校（shào nián tǐ xiào）訓練，五年後進（jìn）入上海青年隊（qīng nián duì），十八歲入選（rù xuǎn）國家籃球隊，開始了他的職業（zhí yè）籃球生涯（shēng yá）。2002 年姚明被美國的 NBA 休斯頓火（xiū sī dùn huǒ）箭隊選中（jiàn duì xuǎn zhòng）。2003 年至 2008 年間姚明的籃球生涯達到頂峯（dá dào dǐng fēng）。2009 年姚明成為上海大鯊魚（dà shā yú）籃球俱樂部（jù lè bù）的老闆（lǎo bǎn）。2011 年姚明正式退役（zhèng shì tuì yì）。2015 年 2 月 10 日姚明成為北京申辦冬奧會形象大使（xíng xiàng dà shǐ）。同年 3 月 27 日他被評選（píng xuǎn）為全球 50 位最傑出（jié chū）的領袖人物（lǐng xiù rén wù）。

姚明性格溫和（wēn hé），做人誠實（chéng shí），說話幽默，很容易跟人合作。他既是一個名人，又是一個普通人（pǔ tōng rén）。

A 配對

□ 1) 姚明是中國著名的運動員、

□ 2) 姚明十八歲

□ 3) 姚明性格溫和，

□ 4) 姚明既是一個名人，

a) 容易跟人合作。

b) 被選為中國最好的球員。

c) 又是一個普通人。

d) 就進入了國家籃球隊。

e) 不做職業籃球運動員了。

f) 世界聞名的籃球手。

B 回答問題

1) 姚明的父母做什麼工作？

2) 姚明是什麼時候進入上海青年隊的？

11 根據實際情況回答問題

1) 你最喜歡哪位名人？請簡單介紹一下他 / 她。

2) 你是怎麼知道他 / 她的？你是從什麼時候開始喜歡他 / 她的？

3) 他 / 她對你有什麼影響？你從他 / 她身上學到了什麼？

4) 你以後想像他 / 她一樣嗎？為什麼？

12 看圖寫短文

①
張繼科

②

③

④

你可以用

a) 張繼科（zhāng jì kē）是世界聞名的乒乓球運動員。他的球技十分出色。

b) 他的乒乓球打得棒極了！

c) 他看起來很酷。

d) 他有很多粉絲（fěn sī）。

e) 除了打球，他還很喜歡唱歌。

13 用所給詞語填空

> 只有……才……　　儘管……，但是……　　像……一樣　　無論……都……
>
> 不但……，而且……　　因為……，所以……　　既……又……　　越……越……

1) _____多麼忙，媽媽_____會抽時間關心我的學習。

2) _____他的球技十分出色，_____有很多球迷。

3) 他_____開朗_____大方。

4) 大家_____多溝通，問題_____能解決。

5) 他_____認真、努力，_____經常幫助別人。

6) 我希望長大以後_____爸爸_____，當一名工程師。

7) 他的歌_____聽_____好聽。

8) _____考試成績很重要，_____更重要的是要盡自己最大的努力。

14 寫意思

① 媽媽性格開朗，對人熱情、大方。（　　　　）

明天天氣晴朗，氣溫在二十度左右。（　　　　）

② 媽媽時常提醒我們要努力學習。（　　　　）

我被他吵醒了。（　　　　）

③ 媽媽性格外向，既有愛心又有耐心。（　　　　）

爸爸性格內向，不太愛說話。（　　　　）

④ 媽媽熱愛生活，熱愛工作。（　　　　）

他從小就酷愛音樂。（　　　　）

15 閱讀理解

京劇是中國的國劇。京劇融合了歌唱、舞蹈、音樂、美術和文學，是一種特殊的戲劇形式。唱、唸、做、打是京劇表演的四種藝術形式，也是京劇演員的四項基本功。

京劇中主要有四種角色：生、旦、淨、丑。"生"是正面的男性角色，"旦"是正面的女性角色，"淨"是性格鮮明的男性角色，"丑"是幽默滑稽或者反面的男性角色。

京劇臉譜很有特色。生和旦不用畫臉譜，淨和丑一定要畫臉譜。臉譜的顏色表現人物的性格。簡單地說，紅色表示忠誠、勇敢；黑色表示勇猛、智慧；綠色表示勇猛、粗魯；粉色表示正直；黃色和白色表示奸詐。丑角會在鼻樑和兩眼中間抹上一小塊白粉。"白鼻子"的大、小、方、圓、長、扁、歪反映不同人物的性格。

A 配對

☐ 1) 京劇演員

☐ 2) "生"

☐ 3) 京劇臉譜的顏色

☐ 4) 紅色的臉譜

a) 表現人物的性格。

b) 會唱歌、跳舞。

c) 勇猛、粗魯。

d) 不用畫臉譜。

e) 沒什麼特色。

f) 一般表示忠誠、勇敢的性格。

B 回答問題

1) 京劇演員要有哪四種基本功？

2) 京劇中主要有哪些角色？

16 造句

1) 對……發火：＿＿＿＿＿＿＿＿＿＿＿＿＿＿＿＿

2) 對……的要求：＿＿＿＿＿＿＿＿＿＿＿＿＿＿

3) 對……的印象：＿＿＿＿＿＿＿＿＿＿＿＿＿＿

觀點 guān diǎn	同意 tóng yì	不一定	不同意
1) 青少年的運動量大，飯量也很大。			
2) 常常發脾氣的人不一定是壞人。			
3) 青少年的穿着都很時尚。			
4) 熱情、大方、負責任的人適合做老師。			
5) 外向的人喜歡説話，喜歡跟人聊天兒。			
6) 母親對孩子的影響最大。			
7) 心地善良、樂意助人的人都有很多朋友。			
8) 做事馬虎的人長大後很難做成大事。			
9) 很有個性的人容易跟別人交朋友。			
10) 有耐心的人不常發火。			
11) 每個人都會做錯事。			
12) 大部分老師都很有愛心和耐心。			
13) 在學校，學習知識最重要。			
14) 老師喜歡學習努力、成績好的學生。			
15) 沒有理想的人長大後很難做成大事。			

18 翻譯

1) 他多麼誠實啊！

2) 無論多麼忙，他都會抽時間做運動。

3) 這裏的風景多麼漂亮啊！

4) 無論多麼難，我都要學好漢語。

19 完成句子

1) 我不但要努力學習，_____

2) 不論爸爸工作多麼忙，他_____

3) 爸爸媽媽時常提醒我_____

4) 我的中文老師經常鼓勵我_____

20 閱讀理解

中國的十二生肖是鼠、牛、虎、兔、龍、蛇、馬、羊、猴、雞、狗和豬。很多中國人覺得人的性格跟生肖有關。

他們認為：屬鼠的人工作努力，生活節省。屬牛的人內向、勤奮，不愛表達自己的想法。屬虎的人很獨立，但性子有點兒急。屬兔的人溫和、善良，有責任心。屬龍的人很聰明，有理想，做事要求十全十美。屬蛇的人外表冷靜，內心熱情，有好奇心。屬馬的人很獨立，做事很快，但沒有耐心。屬羊的人脾氣溫順，有耐心，做事不主動。屬猴的人性格開朗，喜歡交朋友，但有時不夠專心。屬雞的人很好勝，對自己的要求很高，樂於助人。屬狗的人保守、忠誠，常常幫助別人。屬豬的人熱情、開朗、誠實。

A 判斷正誤

□ 1) 中國的十二生肖是十二種動物。

□ 2) 屬鼠和屬牛的人都很努力。

□ 3) 屬龍的人每件事都想做到完美。

□ 4) 屬羊的人脾氣很好。

□ 5) 屬猴的人有很多朋友。

□ 6) 屬狗的人樂意幫助別人。

B 根據實際情況回答問題

1) 你屬什麼？你的性格怎麼樣？

2) 你覺得你的性格和屬相有關係嗎？

21 寫意思

① {
開朗：＿＿＿＿＿
開心：＿＿＿＿＿
}

② {
情況：＿＿＿＿＿
事情：＿＿＿＿＿
}

③ {
需要：＿＿＿＿＿
不要：＿＿＿＿＿
}

④ {
熱愛：＿＿＿＿＿
愛好：＿＿＿＿＿
}

⑤ {
課堂：＿＿＿＿＿
禮堂：＿＿＿＿＿
}

⑥ {
影響：＿＿＿＿＿
電影：＿＿＿＿＿
}

⑦ {
知識：＿＿＿＿＿
知道：＿＿＿＿＿
}

⑧ {
外向：＿＿＿＿＿
方向：＿＿＿＿＿
}

⑨ {
學習：＿＿＿＿＿
複習：＿＿＿＿＿
}

22 讀一讀，記一記

① 他性格 | 溫和。
開朗。
外向。

② 她很有 | 耐心。
愛心。
責任心。

③ 他非常 | 誠實。
忠誠。
獨立。
善良。
自信。

④ 他 | 對人熱情、大方。
對工作認真、負責。
不會對我們發火。

⑤ 他是一個 | 熱心人。
善良的人。
急性子。
慢性子。

⑥ 她熱愛 | 生活。
工作。
我們的家。

⑦ 他 | 樂意幫助別人。
關心我們的學習。
不常發脾氣。
常常生氣。

我的中文老師姓張，是青島人。張老師在我們學校教了十幾年漢語了。

張老師長得很漂亮。她的個子高高的，臉圓圓的，頭髮長長的。張老師性格開朗，對人熱情，對工作認真、負責。她既有耐心又有愛心，中午經常抽時間幫助我們學習。

張老師上課以前準備得很認真，上課時講得很清楚(qīng chu)。如果我們沒聽明白，她會再講一遍(biàn)。上完課以後，她還會給我們留(liú)作業。張老師很關心我們，經常問我們需不需要幫忙。她還常常提醒我們考試要提前(tí qián)複習，考試時要盡最大的努力，取得最好的成績。

我認為張老師是一位好老師。在她的幫助下，我們的漢語有了很大的進步。我非常喜歡張老師！

A 配對

☐ 1) 張老師長得很漂亮，

☐ 2) 張老師上課以前

☐ 3) 如果我們學習有困難，

☐ 4) 張老師經常說

　　a) 漢語有很大的進步。

　　b) 考試時要盡自己最大的努力。

　　c) 性格很開朗。

　　d) 要做作業。

　　e) 會認真備課。

　　f) 張老師很樂意幫忙。

B 回答問題

1) 張老師教了多長時間漢語了？

2) 他為什麼喜歡張老師？

C 寫短文

介紹你的中文老師。你要寫：

· 他 / 她的名字、國籍、任教時間

· 他 / 她的長相、性格

· 他 / 她教漢語教得怎麼樣

· 你為什麼喜歡他 / 她

女媧補天

傳説盤古開天地後，女媧用泥造了人。有一年，天地間發生了一場大戰。水神和火神從天上一直打到地下。最後水神被打敗了，他很不服氣，一生氣撞斷了一根頂天的柱子。天上出現了一個大洞。每年春、秋季節都會暴雨成災、洪水氾濫，給人民帶來了很多苦難。女媧知道後十分着急，她決心要把天上這個洞補好。

女媧四處尋找可以補天的五色石。最後她選擇了天台山。在天台山上，女媧用火爐把五色土煉成五色石，然後用五色石把天補好。誰也不知道女媧補天補了多少年。女媧在補西北角時，五色土用光了。

沒有辦法，她只好用一些冰塊兒來代替。從那以後，從西北方向吹來的風往往帶來狂風暴雨，有時還夾雜着冰雹。

生詞

① 女媧 nǔ wā Chinese goddess who, according to legend, created human beings and patched up the sky

② 補 bǔ patch

③ 泥 ní mud

④ 造 zào make

⑤ 場 cháng a measure word

⑥ 大戰 dà zhàn large-scale war

⑦ 神 shén god

⑧ 打敗 dǎ bài defeat

⑨ 服氣 fú qì be convinced

⑩ 撞 zhuàng knock down

⑪ 根 gēn a measure word

⑫ 柱子 zhù zi pillar

⑬ 出現 chū xiàn appear

⑭ 洞 dòng hole

⑮ 暴雨成災 bào yǔ chéng zāi tremendous damage caused by torrential rain

⑯ 洪水 hóng shuǐ flood

⑰ 泛濫 fàn làn overflow

⑱ 苦難 kǔ nàn misery

⑲ 決心 jué xīn be determined

⑳ 四處 sì chù here and there

㉑ 尋找 xún zhǎo look for

㉒ 石 shí stone

㉓ 天台山 tiān tāi shān a mountain in Zhejiang Province

㉔ 火爐 huǒ lú (heating) stove

㉕ 土 tǔ soil

㉖ 煉 liàn smelt

㉗ 光 guāng use up

㉘ 辦法 bàn fǎ method

㉙ 只好 zhǐ hǎo have to

㉚ 冰塊兒 bīng kuàir ice cube

㉛ 代替 dài tì replace

㉜ 往往 wǎng wǎng often

㉝ 狂風暴雨 kuáng fēng bào yǔ violent storm

㉞ 夾雜 jiā zá be mixed up with

㉟ 冰雹 bīng báo hailstone

A 判斷正誤

□ 1) 水神戰勝後把天撞了一個大洞。

□ 2) 因為天上有洞，所以春、秋季節不停地下暴雨。

□ 3) 女媧用了一年的時間就把天補好了。

□ 4) 女媧用五色冰塊兒補了西北角的天。

B 填空

有一年，天地間發生了一場＿＿＿。水神和火神＿＿＿天上一直打＿＿＿地下。最後水神＿＿＿打敗了，他很不服氣，一生氣撞斷了一根頂天的＿＿＿。天上出現了一個大洞。＿＿＿春、秋季節都會暴雨成災、洪水氾濫，＿＿＿人民帶來了很多苦難。

C 寫意思

1) 造 { 建造 / 人造 } make

2) 戰 { 戰績 / 戰術 } war

3) 煉 { 煉鋼 / 煉油 } smelt

4) 暴 { 暴雨成災 / 暴風雪 } violent

D 模仿例子英譯漢

1) 例子：她決心要把天上這個洞補好。

He is determined to learn Chinese well.

2) 例子：誰也不知道女媧補天補了多少年。

Nobody heard what he said.

25 讀成語，配對

□ 1) 與眾不同　*yǔ zhòng bù tóng*

□ 2) 引人入勝　*yǐn rén rù shèng*

□ 3) 一年一度　*yì nián yí dù*

□ 4) 意想不到　*yì xiǎng bú dào*

□ 5) 人山人海　*rén shān rén hǎi*

a) 沒有想到。

b) 形容人多極了。　*xíng róng*

c) 跟大家不一樣。

d) 風景或文藝作品特別吸引人。　*wén yì*

e) 每年一次。

第三課　我的理想

課文 1

1 用所給詞語填空

> 不但……，而且……　　如果……就……　　要……了
>
> 跟……一樣　　儘管……，但是……　　又……又……

1) 還有一個月就_____放假_____。

2) 我媽媽是小學老師。她_____有愛心_____有耐心。

3) _____爸爸工作很忙，_____他每天都抽時間關心我的學習。

4) 她常對我說_____要努力讀書，_____要做一個有責任心的人。

5) _____你想報考世界一流大學，你的成績_____一定要非常好。

6) 我今年的暑假計劃_____你的_____：去邊遠地區做慈善工作。

2 寫意思

① 大學畢業以後我可能留在中國工作。（　　　　）

高中畢業後我想去中國留學。（　　　　）

② 你想去北大學什麼專業？（　　　　）

這個問題要請專家來解決。（　　　　）

③ 我比較瞭解自己。（　　　　）

老師總是鼓勵我們發表自己的見解。（　　　　）

④ 我一定要爭取最好的成績。（　　　　）

我一定要考進北京大學，給父母爭氣。（　　　　）

北京大學醫學部報名條件

2016 年北京大學醫學部招收優秀的高中畢業生。

報名條件

· 理科考生
· 對醫學專業有濃厚的興趣
· 成績優秀、身心健康

報名方法

· 登錄報名網站 (www.gaokao.chsi.com.cn)，按要求填寫申請表。
· 準備以下材料，寄到北京大學醫學部招生辦公室。

1) 申請表的打印件，加蓋中學校級公章
2) 高中階段省級以上獲獎證書複印件
3) 個人自述材料

報名時間

2016 年 3 月 6 日至 3 月 31 日

A 寫意思

1) 條件：_____ 2) 招收：_____

3) 優秀：_____ 4) 方法：_____

B 回答問題

1) 什麼樣的學生可以申請北大醫學部？

2) 考生要提供哪些獲獎證書的複印件？

C 選出四個正確的句子

☐ 1) 初中生也能報考北大醫學部。

☐ 2) 只有理科生才能報考醫學部。

☐ 3) 考生要上網填申請表。

☐ 4) 考生要請別人寫介紹信。

☐ 5) 考生要把申請材料寄到北大醫學部招生辦公室。

☐ 6) 報名時間到 2016 年 3 月 31 日。

4 配對

□ 1) 在北大學習，畢業以後找工作　　　　a) 是每個運動員的夢想。

□ 2) 買到一條既好看又合適的連衣裙　　　b) 應該會容易一些。

□ 3) 在奧運會上獲得冠軍　　　　　　　　c) 是妹妹的"工作"。

□ 4) 考上一流的大學　　　　　　　　　　d) 真是一件難事！

□ 5) 晚上帶小狗散步　　　　　　　　　　e) 是每個高中生的理想。

□ 6) 去邊遠地區做義工　　　　　　　　　f) 是我今年的暑期計劃。

5 選詞填空

A

完	飽
會	到
好	懂

1) 我還沒想_____去北大學什麼專業。

2) 我已經吃_____了。

3) 這本小說我已經看_____了。你想看嗎？

4) 弟弟已經學_____騎自行車了。

B

來	上
下	進
出	去

1) 父母鼓勵我說_____心裏的想法。

2) 爸爸開心地把新車開_____了車庫。

3) 大學畢業以後他可能回新加坡_____。

4) 快坐_____，喝點兒水。

C

見	住
到	完
會	好

1) 書本中有課堂上學不_____的知識。

2) 今天的作業太多了，我寫不_____。

3) 漢字太難了，我記不_____。

4) 有些漢字他總是寫不_____。

6 閱讀理解

在中國有"學好數理化，走遍天下都不怕"的說法。有人認為好學生應該學理科，學文科是因為學不好理科。還有人認為女生學文科挺好的，但男生應該學理科。有的家長認為學理科更容易考上大學。還有的家長認為學理科比學文科將來好找工作。

其實文科和理科沒有哪個好哪個差。學理還是學文應該讓學生根據自己的興趣、個性來決定。如果孩子被逼着去學理或學文，他們缺乏興趣、沒有動力，考試成績自然也會受影響。所以一定要尊重學生自己的選擇，讓他們自己選擇自己的未來。

A 短文配題目

☐ 1) 中國學生輕理重文

☐ 2) 學理科與找工作

☐ 3) 學理還是學文

☐ 4) 選擇專業很重要

B 選擇 (答案不只一個)

1) 有人認為_____。

   a) 男生該學理科，女生可以學文科

   b) 學文科考大學更容易

   c) 學理科的學生好找工作

2) 學文還是學理，學生應該_____。

   a) 根據自己的興趣選擇

   b) 自己做決定

   c) 聽父母的話

7 組詞並寫出意思

1) 發表____：_____   2) 上____：_____   3) 找____：_____

4) 申請____：_____   5) 打____：_____   6) 做____：_____

7) 報考____：_____   8) 當____：_____   9) 教____：_____

10) 獲得____：_____   11) 提____：_____   12) 寫____：_____

我的理想是做一名畫家。

受父母影響，我從小就愛畫畫兒。我爸爸和媽媽都是美術老師。他們開了一個畫室。從小時候起我就每天都看着大哥哥、大姐姐來學畫畫兒。長大一些後，我也拿起畫筆，跟他們一起畫。素描(sù miáo)、水彩、國畫、油畫，我都畫得不錯。小學五年級時，我參加了國際少兒繪畫(huì huà)比賽，得了第一名。

我經常跟父母去不同的地方旅遊、繪畫。我最喜歡的國家是意大利(yì dà lì)，因為我很喜歡那裏輕鬆(qīng sōng)的生活氛圍(fēn wéi)和獨特(dú tè)的建築。長大後我想當畫家，到處旅遊、繪畫，感受(gǎn shòu)不同的文化，開闊眼界(kāi kuò yǎn jiè)，畫出我眼中的世界。

為了讓理想變成現實(biàn chéng xiàn shí)，我一定要努力考上世界一流的美術學院，學習繪畫專業。我會不斷努力練習、提高(tí gāo)繪畫技巧(jì qiǎo)，爭取早日實現(shí xiàn)我的理想。

A 選出四個正確的句子

☐ 1) 受父母影響，她也喜歡繪畫。

☐ 2) 她從小就學繪畫。

☐ 3) 她不會畫油畫。

☐ 4) 她小學時就參加了繪畫比賽。

☐ 5) 她打算報考美術學院。

☐ 6) 她小時候的夢想跟現在的理想不同。

B 回答問題

1) 她為什麼喜歡意大利？

2) 為了考上世界一流的美術學院，她要做什麼？

9 造句

1) 畢業　報考：_____

2) 申請　專業：_____

3) 爭取　成績：_____

4) 計劃　義工：_____

10 根據實際情況回答問題

1) 你中學畢業以後打算去哪兒上大學？你大學想學什麼專業？

2) 父母支持你的決定嗎？為什麼？

3) 為了申請大學，你做了什麼準備？

4) 你大學畢業以後想做什麼工作？在哪兒工作？為什麼？

11 看圖寫短文

你可以用

a) 我從小就喜歡動物。

b) 我家養了很多寵物，有狗、貓和兔子。

c) 我大學想學動物醫學專業。
畢業以後我想當獸醫。
shòu yī

d) 為了申請大學，我做了很多準備。

e) 暑假我打算去附近的動物保護協會做義工。
xié huì

12 用所給詞語填空

夢想	有關
競賽	影響
成績	感興趣

1) 我小時候的_____是長大後做一位藝術家。

2) 我參加了奧林匹克數學_____，得了第一名。

3) 我讀了很多_____醫學的書。

4) 受父母_____，我從小就對數學感興趣。

5) 雖然姐姐很努力，但是她的考試_____不太好。

6) 哥哥對商科和經濟學比較_____。

13 閱讀理解

從八十年代開始，中國有很多年輕人去國外留學。近幾年出國留學有低齡化的趨勢。很多家長都送孩子去國外上私立高中，然後直接考那裏的大學。這些中國留學生畢業後很多留在國外從事金融、IT、法律、會計等職業。在美國的硅谷就有很多中國留學生。隨着中國經濟的發展，畢業後回國工作的留學生人數也有所上升。香港、北京、上海、廣州、深圳是留學生回國後的首選城市。

A 判斷正誤

☐ 1) 以前，中國留學生的年齡很小。

☐ 2) 很多中國留學生是在外國上中學的。

☐ 3) 留學生畢業後不願意留在外國工作。

☐ 4) 現在回國的中國留學生越來越多。

B 回答問題

1) 留在外國的中國留學生都做哪些工作？

2) 中國留學生回國後喜歡去哪裏工作？

中國當代教育主要分以下幾個階段：

學前教育：指 3-5 歲的兒童在幼兒園接受教育。幼兒園分小班、中班和大班。幼兒園一般由政府開辦。

初等教育：指 6-11 的兒童在小學接受教育。小學一般由政府開辦，也有個人和民間團體創辦的私立小學。

中等教育：指在 12-17 歲的青少年在中等學校接受教育。普通中學分初中和高中（各三年）。中學一般也由政府開辦。上世紀九十年代起出現了很多私立中學。除了高中以外，初中生畢業後還可以去讀職業高中或中專。

高等教育：指中等教育之後的高等職業學校、大學專科和大學本科。高職和大專畢業後沒有學位，大學本科畢業可以獲得學士學位。本科畢業以後可以考研究生。

繼續教育：包括成人技術培訓、成人非學歷高等教育等。

A 配對

☐ 1) 四歲的孩子
☐ 2) 中國的一些小學
☐ 3) 初中生畢業後
☐ 4) 大學本科畢業後

  a) 可以去讀職高。
  b) 應該上幼兒園中班。
  c) 可以升入高等職業學校。
  d) 可以得到學士學位。
  e) 是由個人和民間團體開辦的。
  f) 全部升入高中。

B 回答問題

1) 中國當代教育主要分哪幾個階段？

2) 初中生畢業後有哪些選擇？

3) 中國的私立中學是什麼時候開始出現的？

4) 接受哪種高等教育可以獲得學位？

15 完成句子

A 1) 她上小學時什麼都喜歡，就是_____

2) 他什麼球都喜歡打，就是_____

3) 我什麼菜都喜歡吃，就是_____

B 1) 受父母影響，我_____

2) 受老師影響，同學們_____

3) 受哥哥影響，我和妹妹_____

C 1) 對大部分人來說，_____

2) 對姐姐來說，_____

3) 對我來說，_____

16 想一想，寫一寫

·中文	在大學裏學的專業	大學畢業後可能做的工作	→中文老師
·			→
·			→
·			→
·			→
·			→
·			→
·			→
·			→

你可以用

a) 新聞(xīn wén)　商科　會計

建築　化工　歷史

環境工程　土木工程

國際政治(zhèng zhì)　哲學(zhé xué)

b) 建築師　設計師

飛行員　工程師

廚師　社工　演員

教授　記者　導演

17 閱讀理解

很多成功人士都是小時候就清楚自己的理想，之後不斷努力，實現理想。中國的橋樑專家茅以升就是一個例子。

茅以升小時候住在南京的秦淮河旁。每年端午節，秦淮河上都會舉行龍舟比賽。河的兩岸總是人山人海。茅以升也會跟小夥伴一起去看熱鬧。有一年端午節，茅以升病了，沒有去看龍舟比賽。小夥伴們晚上回來時帶來了壞消息：因為看熱鬧的人太多，橋被壓塌了，很多人掉進了河裏。茅以升聽後非常難過。病好以後，他一個人來到秦淮河邊，立志長大以後要去建造橋樑，造永遠不會倒塌的橋。

從此之後，不管在家裏讀書看報還是出門在外，茅以升總是仔細地觀察各種橋，然後把看到的橋畫下來。通過勤奮學習，刻苦鑽研，他終於成為了造橋的專家。

A 選擇

1) 茅以升小時候_____。
   a) 住在秦淮河附近
   b) 不喜歡看熱鬧
   c) 每年都看龍舟比賽

2) 茅以升是在_____立志造橋的。
   a) 病牀上
   b) 秦淮河邊
   c) 端午節那天

B 回答問題

1) 秦淮河上的橋為什麼塌了？

2) 立志造橋以後茅以升做了什麼？

18 造句

1) 打算　報考　專業：_____

2) 閱讀　法律　有關：_____

3) 愛上　繪畫　畫家：_____

4) 醫院　見習　瞭解：_____

19 完成句子

1) 去年，我又愛上了中國古建築，_____

2) 我小時候的夢想是_____

3) 受父母影響，我大學_____

4) 上了中學以後，我開始_____

5) 從今天開始，我_____

20 閱讀理解

我今年參加了銅章級"香港青年獎勵計劃"。這個計劃是 1956 年英國愛丁堡公爵創立的，分銅章、銀章和金章三級。每級都包括服務科、野外鍛煉科、技能科和康樂體育科四個科目。

在完成這個計劃的六個月時間裏，我跟其他團員去野外拉練、露營了兩天一夜。我還去社區裏一所殘疾人學校給那裏的孩子輔導，做了 15 小時義工。除此之外，我還參加了足球訓練，每週訓練一個小時。在技能方面，我學習了一門新外語——西班牙語。

我非常喜歡這個活動。我認為這個活動不僅很有意思，還非常有意義。在活動中，我學會了關心別人、遇到意想不到的事時不要着急等等。

A 選擇

1) "香港青年獎勵計劃" _____。

a) 是 1965 年創立的

b) 有兩個級別

c) 包括四個科目

2) 完成銅章級計劃需要 _____。

a) 去露營一天兩晚

b) 完成至少三個科目

c) 半年的時間

B 回答問題

1) 在技能科方面，他做了什麼？

2) 他在活動中有哪些收穫？

21 閱讀理解

我小時候有過很多夢想：我想當醫生、想當老師，還想當警察。最近，我又喜歡上了服裝設計 (shè jì)。

有一次我和媽媽去逛商場，商場裏正巧在舉行時裝秀 (jǔ xíng shí zhuāng xiù)。看着模特們 (tè) 身穿亮麗 (liàng lì) 的時裝走在 T 台上，我心裏忽然 (hū rán) 有了一個想法 (mó)：以後我要做服裝設計師，讓模特們穿上我設計的衣服。

為了讓我的夢想成真，我要認真學習繪畫、努力練好基本功 (jī běn gōng)。我還要多留心 (liú xīn) 商店裏賣的服裝、多看時裝雜誌、多看時裝秀。除此之外，我還要學習做衣服。我打算明年選修紡織課 (xuǎn xiū fǎng zhī)。中學畢業後，我要去國外的設計學院學習服裝設計專業。

相信經過不斷地努力，我的理想總有一天會實現。

A 寫意思

1) 舉行：＿＿＿＿＿＿　2) 亮麗：＿＿＿＿＿＿

3) 基本功：＿＿＿＿＿　4) 選修：＿＿＿＿＿＿

B 配對

☐ 1) 她小時候

☐ 2) 她看了時裝秀後

☐ 3) 她要努力學畫畫兒，

☐ 4) 為了讓夢想成真，

　　a) 她會學習怎樣做衣服。

　　b) 練好基本功。

　　c) 覺得做模特也不錯。

　　d) 想當醫生。

　　e) 會買各種款式的衣服。

　　f) 想當時裝設計師。

C 回答問題

1) 為了成為服裝設計師，她要做哪些準備？

2) 她中學畢業以後有什麼打算？

D 寫短文

說一說你的理想。你要寫：

· 你小時候的理想是什麼

· 你現在的理想是什麼

· 你為什麼有這個理想

· 你打算怎麼實現理想

倉頡造字

　　相傳倉頡在黃帝手下當官。黃帝讓他管理牲口和食物。倉頡既聰明又努力，他管的牲口和食物的數目很少有差錯。可是，牲口和食物的數目慢慢增加、變化，只靠腦袋記不住了。所以倉頡想到用繩結代表數目。他還用不同顏色的繩子表示不同的牲口和食物。後來牲口的數目更多了。倉頡又想到在繩子上掛各種貝殼來代表他管的東西。再後來，靠繩子、掛貝殼也記不住牲口數了。倉頡愁得要命。

　　有一天，倉頡打獵時看到地上各種野獸的腳印，突然有了靈感，想到可以用符號來表示他管的東西。就這

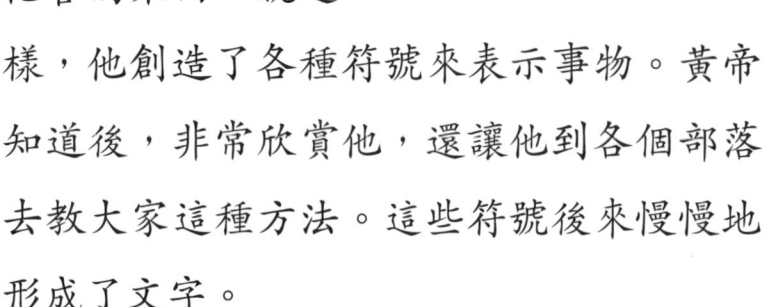

樣，他創造了各種符號來表示事物。黃帝知道後，非常欣賞他，還讓他到各個部落去教大家這種方法。這些符號後來慢慢地形成了文字。

生詞

cāng jié
① 倉頡 Cang Jie, legendary creator of Chinese characters

xiāng chuán
② 相傳 the legend goes that...

huáng dì
③ 黃帝 Yellow Emperor, legendary ruler and ancestor of the Chinese nation

dāng guān
④ 當官 be an official

shēng kou
⑤ 牲口 livestock

shù mù
⑥ 數目 number

chā cuò
⑦ 差錯 error

zēng jiā
⑧ 增加 increase

nǎo dai
⑨ 腦袋 brains

shéng zi
⑩ 繩子 rope

jié
⑪ 結 knot

dài biǎo
⑫ 代表 represent

biǎo shì
⑬ 表示 express

bèi ké
⑭ 貝殼 shell

chóu
⑮ 愁 worry

dǎ liè
⑯ 打獵 hunt

yě shòu
⑰ 野獸 wild beast

jiǎo yìn
⑱ 腳印 footprint

tū rán
⑲ 突然 suddenly

líng gǎn
⑳ 靈感 inspiration

fú hào
㉑ 符號 symbol

zhè yàng
㉒ 這樣 in this way

chuàng zào
㉓ 創造 create

shì wù
㉔ 事物 thing

xīn shǎng
㉕ 欣賞 appreciate

bù luò
㉖ 部落 tribe

fāng fǎ
㉗ 方法 method

xíng chéng
㉘ 形成 form

wén zì
㉙ 文字 characters

A 填空

1) 開始時倉頡用＿＿＿＿記牲口和食物的數目。

2) 牲口和食物的數目慢慢地增加、變化，倉頡想到用＿＿＿＿代表數目。

3) 他還用＿＿＿＿＿＿表示不同的牲口和食物。

4) 後來他在繩子上掛＿＿＿＿＿＿來代表他管的東西。

5) 看到地上各種野獸的＿＿＿＿，他突然有了＿＿＿＿，想到可以用＿＿＿＿來表示他管的東西。

B 判斷正誤

☐ 1) 倉頡是管理牲口和食物的官員。

☐ 2) 在用繩結記數目以前，他用腦子記。

☐ 3) 牲口、食物的數目變多了，他開始在地上畫畫兒記數目。

☐ 4) 記不住牲口和食物的數目，他愁得不得了。

☐ 5) 黃帝讓他用野獸的腳印表示牲口的數目。

☐ 6) 倉頡創造的符號後來慢慢地形成了文字。

C 寫拼音及意思

① { 生：＿＿＿＿ 牲：＿＿＿＿ } ② { 秋：＿＿＿＿ 愁：＿＿＿＿ } ③ { 付：＿＿＿＿ 符：＿＿＿＿ } ④ { 代：＿＿＿＿ 袋：＿＿＿＿ }

23 讀成語，配對

☐ 1) yǒu shēng yǒu sè 有聲有色

a) 形容歡喜極了。

☐ 2) xióng wěi zhuàng guān 雄偉壯觀

b) yóu yú 由於沒有想到的好事而非常高興。

☐ 3) xǐ qì yáng yáng 喜氣洋洋

c) wěi dà měi lì 偉大、美麗。

☐ 4) xǐ chū wàng wài 喜出望外

d) 形容說話或表演精彩、生動。

☐ 5) huān tiān xǐ dì 歡天喜地

e) chōng mǎn 充滿了歡喜的 shén sè qì fēn 神色或氣氛。

第一課　我的家庭

課文1 相親相愛　社工　繁忙　十分　愛護　遇到　煩惱　願意　講

不管……都……　及時　聽話　溝通　交流　互相　理解　解決　好

只要……就……　支持　吵架　關係

課文2 天下　自信　要求　靠　鼓勵　發表　意見　想法　決定　長輩

晚輩　難過　分享　無論……都……　提　建議　道理　照　發火

繼續　溫暖　幸福

第二課　對我有影響的人

課文1 名人　林丹　聞名　運動員　棒　福建　球技　出色　奧運會　倫敦

獲得　男子　單打　冠軍　球迷　超級　個性　穿着　時尚　酷

刻苦　精彩　博客

課文2 影響　校長　開朗　外向　熱情　大方　認真　負責　熱愛　抽

多麼　無論……都……　情況　需要　提醒　盡　儘管……，但是……

課堂　知識　不斷　誠實

第三課　我的理想

課文1 報考　留　之一　一流　畢業　專業　瞭解　會計師　法律　經濟學

原因　爭取　義工　慈善　計劃　邊遠　地區　申請

課文2 部分　夢想　改變　例子　教授　藝術家　畫家　數學家　幼稚園

就是　繪畫　受　奧林匹克　競賽　名　醫學　有關　見習

句型：

1) 你經常跟妹妹吵架嗎？　　　　　　　　2) 父母不會對我發火。

3) 父母會坐下來耐心地和我溝通，鼓勵我繼續努力。

4) 他已經結婚了吧？

5) 他看起來很酷。

6) 從小到大，媽媽對我的影響最大。

7) 無論多麼忙，她都會抽時間關心我和弟弟的學習和生活。

8) 我要向媽媽學習。

9) 在北大學習，畢業以後找工作應該會容易一些。

10) 對大部分人來說，小時候的夢想長大後可能會改變。

11) 上小學後，受父母影響，我才開始對繪畫感興趣。

問答：

1) 請介紹一下你的家庭。　　我家有四口人：父母、妹妹和我。我們一家人相親相愛。

2) 如果你不聽話，你父母會生氣嗎？　　他們很少生我們的氣。

3) 你經常跟妹妹吵架嗎？　　有時候我們也會吵架，但是我們倆的關係很好。

4) 你很愛你的家人，對不對？　　是啊！我們互相關心、互相理解、互相支持。我非常愛他們！

5) 你最喜歡哪個名人？　　我最喜歡林丹。他是中國也是世界聞名的羽毛球運動員。

6) 那請你介紹一下林丹。　　林丹是福建人。他五歲就開始打羽毛球了。他的球技非常出色，在 2008 年北京奧運會和 2012 年倫敦奧運會上都獲得了男子單打冠軍。

7) 林丹在場外是什麼樣的人？他已經結婚了吧？　　他是一個很有個性的運動員。他的穿着非常時尚，看起來很酷。他是 2012 年結婚的。他的妻子也是中國有名的羽毛球運動員。

8) 你中學畢業以後有什麼打算？　　我打算報考北京大學。

9) 你為什麼想去北大？　　北大是中國最著名的大學之一，也是世界一流的大學。在北大學習，畢業以後找工作應該會容易一些。

10) 那你想去北大學什麼專業？　　我對商科和經濟學比較感興趣，但還沒想好。這也是我想去北大的原因之一，那裏的商科和經濟學都很有名。

11) 為了申請北大，你做了哪些準備？　　除了努力學習、爭取最好的成績以外，我還參加了一些課外活動。

1 找相關詞語填空

1) 工作：＿＿＿＿＿ ＿＿＿＿＿ ＿＿＿＿＿ ＿＿＿＿＿

2) 性格：＿＿＿＿＿ ＿＿＿＿＿ ＿＿＿＿＿ ＿＿＿＿＿

3) 運動：＿＿＿＿＿ ＿＿＿＿＿ ＿＿＿＿＿ ＿＿＿＿＿

2 用所給詞語填空

決定 鼓勵 吵架 發表 負責 提醒 瞭解 申請 改變 爭取

1) 我跟妹妹從來都不＿＿＿＿。

2) 我爸爸＿＿＿＿我參加奧林匹克物理競賽。

3) 我＿＿＿＿學會計專業，以後做一名會計師。

4) 媽媽經常＿＿＿＿我不能看太長時間電視。

5) 我叔叔是中文教授，他對工作認真、＿＿＿＿。

6) 上中學以後，他的想法＿＿＿＿了。

7) 這次漢語考試我要＿＿＿＿得第一名。

8) 受父母影響，我想＿＿＿＿北大的醫學專業。

9) 他是我最好的朋友，非常＿＿＿＿我。

10) 父母常鼓勵我＿＿＿＿意見，說出心裏的想法。

3 組詞並寫出意思

1) 參加＿＿＿＿：＿＿＿＿＿

2) 獲得＿＿＿＿：＿＿＿＿＿

3) 熱愛＿＿＿＿：＿＿＿＿＿

4) 解決＿＿＿＿：＿＿＿＿＿

5) 發表＿＿＿＿：＿＿＿＿＿

6) 做＿＿＿＿：＿＿＿＿＿

7) 報考＿＿＿＿：＿＿＿＿＿

8) 提＿＿＿＿：＿＿＿＿＿

4 翻譯

1) 不管遇到什麼事情，我都會告訴姐姐。

2) No matter what troubles we come across, we are always willing to talk to our parents.

3) 只要我們互相理解，問題就好解決。

4) As long as we communicate often, problems can be resolved.

5) 儘管他對繪畫很感興趣，但是他大學不想學美術專業。

6) Although exam results are important, it is more important that you have tried your best.

7) 獲得奧林匹克數學冠軍非常難。

8) Finding a job should be easier for graduates from top universities.

5 組詞並寫出意思

1) shè  工

2) ài  護

3) fán  忙

4) jí  時

5) yāo  求

6) dào  理

7) wēn  暖

8) xìng  福

9) wén  名

10) zhǎng 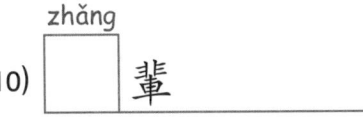 輩

11) lì 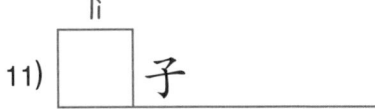 子

12) rè 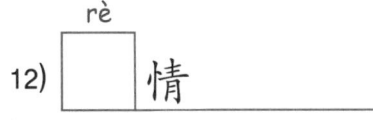 情

13) bó 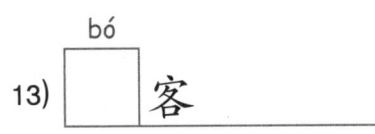 客

14) yuán 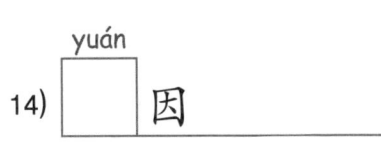 因

15) jiàn 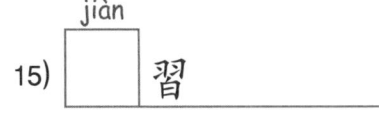 習

6 造句

1) 誠實　認真　熱情：

2) 個性　時尚　開朗：

3) 刻苦　球技　精彩：

4) 互相　支持　關係：

5) 培養　自信　天下：

6) 關心　情況　需要：

7 閱讀理解

1　我是一個中三的學生。我在學習上已經盡了全力，但是學習成績在班上只是中等水平。父母希望我能考到全年級前五名，因為只有這樣才有希望上名校。為了不影響我學習，父母從來都不讓我做家務。他們還花很多錢讓我上補習課、為我請家教。我有時真不知道該怎麼辦。

判斷正誤：

☐ 1) 他學習非常刻苦。

☐ 2) 他的學習成績很好。

☐ 3) 父母希望他上名校。

☐ 4) 他不喜歡做家務。

☐ 5) 他有時覺得挺苦惱的。

2　我今年上高一。我有一個弟弟和一個妹妹。我父母工作都忙得要命。我爸爸是商人，經常去東南亞出差。我媽媽在一家化妝品公司工作，經常去巴黎。父母都不在家的時候，我們只能去爺爺奶奶家住。我的苦惱是我跟爺爺奶奶沒什麼共同語言，而且弟弟妹妹年紀還小，需要照顧。我真希望爸爸媽媽能少出一點兒差，多花一些時間在家裏陪我們。

判斷正誤：

☐ 1) 他是高中生。

☐ 2) 他父母工作十分忙。

☐ 3) 他父母經常去歐洲出差。

☐ 4) 他喜歡跟爺爺奶奶溝通、交流。

☐ 5) 他希望父母少出差。

我喜歡的名人是周杰倫。周杰倫不僅長得帥，還是一個全能音樂人。他會唱歌、能作曲、演過電影，還當過導演。

周杰倫生長在台灣的一個普通家庭。上初二時他的父母離婚了。之後他跟着母親生活。他從小就擅長彈鋼琴，在音樂方面很有天分。儘管周杰倫沒上大學，但經過不斷地努力，他成了世界聞名的音樂達人，有成千上萬的粉絲。

2001 年周杰倫發行了第一張專輯《Jay》，獲得了台灣的三項大獎。2002 年他在中國內地、新加坡、美國等地舉辦了首場個人巡迴演唱會。2003 年他成為了美國《時代週刊》亞洲版的封面人物。2005 年他開始進入影視圈，還自編自導了電影《不能說的秘密》。周杰倫 2014 年結婚了。他的妻子是演員。我希望以後周杰倫能出更多好聽的歌。

A 判斷正誤

☐ 1) 周杰倫的父母也是名人。

☐ 2) 他的成功都靠自己的天分。

☐ 3) 2002 年他開了第一場巡迴演唱會。

☐ 4) 2005 年以前他沒演過電影。

B 配對

☐ 1) 周杰倫彈鋼琴彈得很好，

☐ 2) 他上初中時

☐ 3) 他的第一張個人專輯

☐ 4) 《不能說的秘密》是

a) 獲得了三項全球音樂大獎。

b) 在音樂方面很有天分。

c) 上了《時代週刊》的封面。

d) 父母離婚了。

e) 周杰倫導演的電影。

f) 獲得了台灣的大獎。

9 寫短文

為校刊寫一篇文章，介紹你喜歡的名人。你要寫：

· 這位名人的情況

· 他／她為什麼有名

· 他／她對你有什麼影響

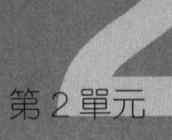

課文 1

1 用所給詞語填空

> 面積　華裔　印象　郊野　都市　天堂　交通　去處

1) 香港有七百多萬人，其中 91% 是_____。

2) 我對香港的_____非常好。

3) 香港_____不大，包括香港島、九龍半島和新界。

4) 香港的公共_____四通八達。

5) 香港是一個繁華的_____。

6) 香港是一個旅遊的好_____。

7) 香港是"購物_____"，什麼商品都能買到。

8) 香港_____公園的自然美景非常獨特。

2 組詞並寫出意思

> 公園　機會　愛好　風景　工作　地區　商品　競賽　成績　活動

1) 工作_____：_____

2) 自然_____：_____

3) 郊野_____：_____

4) 名牌_____：_____

5) 考試_____：_____

6) 邊遠_____：_____

7) 興趣_____：_____

8) 課外_____：_____

9) 慈善_____：_____

10) 數學_____：_____

3 閱讀理解

海南　温泉、美食四日遊玩團

出發日期：天天出發

乘坐南方航空公司的班機（¥2599）

・住五星級温泉酒店（兩晚）

・住三亞度假村（一晚）

・品嘗時令水果、南山素食、全鴨宴

・享受中式温泉按摩

深圳　動感之旅三日遊

出發日期：週一、週三、週五出發

乘坐火車（¥669）

・遊覽歡樂谷、世界之窗、民俗文化村

・品嘗全魚宴

・購物

A 選擇（答案不只一個）

1) 去海南遊玩，＿＿＿＿＿。

　a) 全程住在同一家酒店

　b) 哪天出發都可以

　c) 可以泡温泉

2) 深圳三日遊＿＿＿＿＿。

　a) 週末出發

　b) 會去歡樂谷

　c) 可以吃全魚宴

B 回答問題

1) 哪個旅行團坐飛機旅行？

2) 哪個旅行團會安排去買東西？

4 寫意思

① 繁華：＿＿＿　繁忙：＿＿＿

② 都市：＿＿＿　首都：＿＿＿

③ 獨特：＿＿＿　特別：＿＿＿

④ 天堂：＿＿＿　課堂：＿＿＿

⑤ 四周：＿＿＿　周圍：＿＿＿

⑥ 方便：＿＿＿　方向：＿＿＿

⑦ 去處：＿＿＿　到處：＿＿＿

⑧ 渡輪：＿＿＿　遊輪：＿＿＿

⑨ 交通：＿＿＿　四通八達：＿＿＿

日本到杭州、上海、蘇州、南京五日遊

- 第一天乘日本航空公司的班機前往杭州，入住五星級酒店香格里拉。
- 第二天乘遊船遊覽西湖，品嘗杭州風味美食西湖醋魚、龍井蝦仁等。晚上乘旅遊巴士去上海，入住上海假日酒店。
- 第三天遊覽上海浦東新區和外灘。下午去南京路和淮海路逛街購物。
- 第四天乘旅遊巴士去蘇州，參觀寒山寺、留園等著名景點。晚上乘旅遊巴士去南京，入住中山大酒店。
- 第五天參觀南京長江大橋、中山陵等著名景點。晚上乘日本航空公司的班機返回日本。

A 選出四個正確的句子

□ 1) 五日遊從日本出發。

□ 2) 遊客不在杭州過夜。

□ 3) 遊客會坐船遊西湖。

□ 4) 遊客會坐巴士從上海去蘇州。

□ 5) 遊客會在蘇州住一晚。

□ 6) 五日遊的最後一站是南京。

B 回答問題

1) 五日遊會去哪些城市？

2) 遊客會在上海住幾晚？

6 造句

1) 面積　人口：_____

2) 都市　許多：_____

3) 購物　物美價廉：_____

4) 方便　四通八達：_____

5) 郊野　去處：_____

6) 自然　獨特：_____

7 造句

1) 什麼　買：　你想買什麼就能買到什麼。

2) 什麼時候　旅遊：＿＿＿＿＿＿＿＿＿＿＿＿＿＿＿＿＿

3) 怎麼　去：＿＿＿＿＿＿＿＿＿＿＿＿＿＿＿＿＿＿＿＿

4) 哪　參加：＿＿＿＿＿＿＿＿＿＿＿＿＿＿＿＿＿＿＿＿

8 閱讀理解

香港是一個國際大都市，香港人在衣、食、住、行方面的水準（shuǐ zhǔn）也比較高。

香港人的穿着非常時尚。上班時男士一般穿西裝（xī zhuāng），女士一般穿套裝（tào zhuāng）。週末和假日他們穿休閒服（xiū xián fú）或運動服外出逛街或做運動。在吃的方面，香港的超市、菜市場（cài shì chǎng）裏有來自中國內地（nèi dì）和世界各地的食材（shí cái）。香港還彙聚（huì jù）了世界各地的美食，各種酒店、餐館隨處可見（suí chù kě jiàn）。在居住（jū zhù）方面，雖然香港面積不大，但是政府建造（zhèng fǔ jiàn zào）了很多公屋（gōng wū）。現在大部分香港人的住房條件比以前好多了。在交通方面，香港的公共交通四通八達，僅地鐵就有近十條線路，還有公共汽車、小巴、電車、出租車、渡輪等，去什麼地方都十分方便。

A 寫意思

1) 水準：＿＿＿＿　2) 休閒：＿＿＿＿

3) 政府：＿＿＿＿　4) 建造：＿＿＿＿

B 配對

☐ 1) 香港人的總體生活水平

☐ 2) 香港人上班時穿的衣服

☐ 3) 香港是美食天堂，

☐ 4) 香港的公共交通四通八達，

a) 能吃到世界各地的美食。

b) 去哪裏都很方便。

c) 比較高。

d) 居住條件比以前好多了。

e) 比較正式，一般不穿休閒服。

f) 非常繁華。

北京的春天比較乾燥（gān zào），風沙（fēng shā）很大。颳沙塵暴（shā chén bào）時滿天（mǎn tiān）都是沙，眼睛都睜（zhēng）不開。北京的夏天很熱，最高氣溫在三十五度以上。北京的秋天天氣很好，秋高氣爽（qiū gāo qì shuǎng），是旅遊的好季節。北京的冬天很冷，有時候還會下雪，氣溫一般在零度以下。

青島是一個海濱（hǎi bīn）城市。那裏一年四季氣候宜人（qì hòu yí rén）：冬天不太冷，夏天不太熱，不太乾燥也不太潮濕（cháo shī）。青島以"度假之城"聞名。

廣州的春天常常下雨。夏天氣溫很高，一般在三十三度以上，有時還會颳颱風。秋天比較舒服，是爬山（pá shān）、遠足（yuǎn zú）、郊遊（jiāo yóu）的好季節。冬天不太冷，最低氣溫（dī yú）一般不低於十度。

A 寫意思

1) 乾燥：＿＿＿＿＿

2) 秋高氣爽：＿＿＿

3) 氣候宜人：＿＿＿

4) 潮濕：＿＿＿＿＿

B 回答問題

1) 北京的春天天氣怎麼樣？

2) 在廣州，秋天適合做什麼？

3) 在這三個城市中，哪個城市一年四季都很舒服？

10 根據實際情況回答問題

1) 你聽説過香港嗎？你對香港有什麼瞭解？

2) 如果你去過香港，你對那裏印象怎麼樣？

3) 如果你沒去過香港，你今年打算去那裏旅遊嗎？為什麼？

4) 在你去過的城市中，你最喜歡哪裏？為什麼？

5) 你今年打算去哪裏旅遊？為什麼？

11 組詞

1) 繁華→ 華人　　2) 四周→_____　　3) 獨特→_____　　4) 相愛→_____

5) 不管→_____　　6) 有關→_____　　7) 理解→_____　　8) 見習→_____

9) 慈善→_____　　10) 道理→_____　　11) 溫暖→_____　　12) 負責→_____

13) 聞名→_____　　14) 個性→_____　　15) 法律→_____　　16) 夢想→_____

12 看圖寫短文

你可以用

a) 台北是一個繁華的都市。

b) 台北的夜市很有特色。在那裏，你想吃什麼就能吃到什麼。

c) 在台北，還可以參觀很多博物館。

d) 台北的公共交通四通八達。

e) 台北是一個旅遊的好去處。

13 填空

1) 中國是世界四大_____古國之一。

2) 中國的_____叫中華人民共和國。

3) 中國的_____有九百六十萬平方公里。

4) 目前中國的_____超過了十三億。

5) 中國是一個多_____國家。

6) 中國有山地、高原、平原等各種_____。

7) 中國的東南_____有許多島，其中台灣島最大。

8) 中國有許多河流，其中_____是中國第一大河，_____是中國第二大河。

14 用中文寫數字

A 1) 864 → *八百六十四*

2) 3,485 → _____

3) 69,000 → _____

4) 524,900 → _____

5) 2,000,700 → _____

6) 130,000,000 → _____

B 1) 20% → *百分之二十*

2) 90% → _____

3) 35% → _____

4) 1/3 → _____

5) 2/5 → _____

6) 1/10 → _____

C 1) 10% off → *打九折*

2) 25% off → _____

3) 30% off → _____

4) 80% off → _____

5) 60% off → _____

6) 50% off → _____

yún nán kūn míng　dà lǐ
雲南昆明、大理、
lì jiāng　　xiāng gé lǐ lā
麗江、香格里拉八日遊

fèi yong　　　　　　　　lìng　xiǎo fèi
費用：¥8500（另收小費 ¥150 / 天）

出發日期：8 月 16 日

jí hé　　　　　　　　　　　　　　　jī chǎng
集合地點：上海浦東國際機場

　　　　　　　　　　　　dēng jī chù
　　　　　　東方航空公司登機處

zī xún
諮詢電話：52800000

lián xì
聯繫人：王先生

　　歡迎大家來雲南觀光旅遊。我
guān guāng
　　dǎo yóu
叫李小雲，是大家的導遊。

　　我先來介紹一下雲南的風土人
　　　　　　　　　　　　　　　fēng tǔ rén
qíng　　　　　　　　　　　　jí zhōng
情。雲南是中國少數民族最集中的地
zhuàng zú
方，有壯族、白族等二十五個少數
民族。各少數民族都有自己獨特的文
化、服裝和語言。

　　雲南是一個美麗、神奇的旅遊
shèng dì　　　　　xuě shān　　　　　　　　　　sēn
勝地。這裏有雪山、草地、湖泊、森
lín　　　　　xiān jìng bān　měi jǐng
林，組成了人間仙境般的美景。在這
八天裏，我將帶大家飽覽雲南的自然
fēng guāng　　　　　　　　　　　gǎn shòu
風光、品嘗特色美食，讓大家感受雲
　　　mèi lì
南的獨特魅力。

A 寫意思

1) 集合：＿＿＿＿＿＿＿＿＿＿

2) 諮詢：＿＿＿＿＿＿＿＿＿＿

3) 神奇：＿＿＿＿＿＿＿＿＿＿

4) 森林：＿＿＿＿＿＿＿＿＿＿

5) 飽覽：＿＿＿＿＿＿＿＿＿＿

B 配對

☐ 1) 雲南八日遊

☐ 2) 八日遊的實際費用

☐ 3) 雲南是中國少數民族

☐ 4) 雲南的山、湖等自然景色

　　a) 最集中的地方。

　　b) 一共遊覽四個地方。

　　c) 從上海坐火車去昆明。

　　d) 像人間仙境一樣。

　　e) 的導遊是王先生。

　　f) 是每位 9700 塊人民幣。

C 回答問題

1) 少數民族在哪些方面比較獨
　特？

2) 為什麼雲南是旅遊勝地？

1) 古國　全稱：＿＿＿＿＿＿＿＿＿＿＿＿＿＿＿＿＿

2) 亞洲　面積：＿＿＿＿＿＿＿＿＿＿＿＿＿＿＿＿＿

3) 人口　民族：＿＿＿＿＿＿＿＿＿＿＿＿＿＿＿＿＿

4) 地形　沿海：＿＿＿＿＿＿＿＿＿＿＿＿＿＿＿＿＿

17 閱讀理解

中國人的姓非常多。《百家姓》中收錄（shōu lù）了四百多個姓。王是中國第一大姓，佔全國人口總數的 7.3%，其次是李和張。除了王、李、張以外，大姓還有劉（liú）、陳（chén）、楊（yáng）、黃、趙（zhào）、吳（wú）、周。排名前一百個姓氏（xìng shì）的人數佔全國人口總數的 84.8%。中國人的姓一般是一個字，也有少數複姓（fù xìng），比如司馬（sī mǎ）、歐陽（ōu yáng）等。

中國人的名字也很有意思。女人的名字愛用一些比較美的字，比如花、芬（fēn）、秀（xiù）、珍（zhēn）。男人的名字喜歡用一些含有（hán yǒu）堅強（jiān qiáng）、偉大（wěi dà）、聰明意思的字，比如強、偉、明。現在越來越多的人喜歡給孩子起更有個性的名字。

中國人很重視家庭，所以他們的姓在名字前面，比如一個人姓王，名雷，他就叫王雷。

A 選出四個正確的句子

☐ 1) 中國人有一百個不同的姓。

☐ 2) 在中國姓王的人最多。

☐ 3) 中國人的姓有單姓，也有複姓。

☐ 4) 中國人一般用含有美麗意思的字給女兒取名字。

☐ 5) 很多男人的名字有堅強、聰明的意思。

☐ 6) 現在中國孩子的名字都很有個性。

B 回答問題

1) 中國人為什麼把姓放在名的前面？

2) 你有中文名字嗎？你的名字有什麼意思？

18 閱讀理解

四川省位於長江的上游。它的省會是成都市(chéng dū)。四川省的面積有四十八萬平方公里，是中國第五大省，排在新疆(xīn jiāng)、西藏(xī zàng)、內蒙古(nèi měng gǔ)和青海(qīng hǎi)之後。四川是中國第四人口大省。四川的人口以漢族為主。那裏還有十四個少數民族。四川的方言是四川話。

四川的地形特點是西高東低，西部是高原、山地，東部是盆地(pén dì)、丘陵(qiū líng)。四川省內有一千多個湖泊，還有四條大江流(liú)過。

四川是中國重要的經濟、工業(gōng yè)、教育、旅遊、文化大省。四川有約一百所高校。四川還有很多名勝古跡，有九寨溝(jiǔ zhài gōu)、樂山大佛(lè shān dà fó)等。四川是大熊貓的故鄉(gù xiāng)。每年都有很多遊客去大熊貓保護區參觀。四川菜也很有名。四川菜是中國八大菜系(cài xì)之一，吃起來麻麻的、辣辣的。

A 填空

1) 四川省的省會是
   _____。

2) 四川省的面積有
   _____平方公里。

3) 四川有_____個少數
   民族。

4) 四川人說_____。

5) 四川的地形特點是
   _____。

6) 四川是中國重要的
   _____
   _____大省。

B 回答問題

1) 四川有哪些名勝古跡？

2) 四川菜有什麼特點？

19 回答問題

1) 中國的全稱叫什麼？

2) 中國有多少人？

3) 中國有多少個民族？

4) 中國有多少個省？有幾個自治區？

5) 中國的第一大島是什麼島？

6) 中國的第一大河是什麼河？

20 填空

我來介紹一下我的國家：我是_____人。_____的全稱叫_____
_____。我國_____年____月____日成立。_____在_____
洲的_____。我國的面積有_____平方公里。目前我國人
口是_____。我國有_____等地形。

21 閱讀理解

提到龍很多人都會想到中國。西方人稱中國為"東方巨龍"，中國人稱自己為"龍的傳人"。

龍的傳說至今有八千多年的歷史。在中華民族的傳說中，龍有兔眼、鹿角、馬面、牛嘴、蛇身、鷹爪、魚鱗、獅尾、蝦鬚。

龍在中華民族的文化中十分重要。中國很多傳統節日都跟龍有關。春節時舞龍，端午節時賽龍舟，中秋節時舞火龍。漢語裏很多成語也跟龍有關。形容書法寫得有力、靈活就說"龍飛鳳舞"，祝賀別人新年裏精神旺盛就說"龍馬精神"，形容交通繁忙就說"車水馬龍"，形容父母希望子女上進就說"望子成龍"，形容人活潑、富有生氣就說"生龍活虎"。

A 填空

1) 西方人稱中國為_____。

2) 中國人稱自己為_____。

3) 龍的傳說至今有_____。

4) 龍在_____
十分重要。

B 配對

☐ 1) 龍是傳說中的

☐ 2) 春節期間，人們會說

☐ 3) 形容交通繁忙，人們會說

☐ 4) 人們用"望子成龍"形容

a) 父母希望子女有出息。

b) "車水馬龍"。

c) "龍馬精神"。

d) "生龍活虎"。

e) 一種"動物"。

f) 傳統節日，比如春節、中秋節等。

22 閱讀理解

　　台灣位於中國的東南部，是中國第一大島。台灣的面積有 3.6 萬平方公里，有 2300 萬人。台北是台灣的省會，也是台灣的第一大城市。

　　台灣多山、多河。在台灣，山地和丘陵佔全島面積的三分之二。全台灣有一百五十多條河。

　　台灣氣候潮濕、多雨、多風。夏季天氣炎熱(yán rè)，最高氣溫在三十五度以上，還經常颳颱風。冬季不太冷，氣溫在十五度左右。

　　台灣 98% 的人是來自中國大(dà)陸(lù)的漢族人，其餘(qí yú)是高山族等少數民族的原住居民(yuán zhù jū mín)。在語言上，台灣人說漢語（他們叫國語），還說閩南話(mǐn nán huà)、客家話等方言。在文字(wén zì)上，台灣人用繁體字。

　　台灣有豐富的美食文化和著名的小吃文化。在台灣，到處可見台灣菜、閩南菜、潮州菜(cháo zhōu cài)、客家菜和日本料理(liào lǐ)。在夜市(yè shì)上可以品嘗到各式風味的小吃。

A 填空

1) 台灣位於中國的＿＿＿＿＿＿。

2) 台灣的面積有＿＿＿＿＿＿。

3) ＿＿＿＿是台灣的第一大城市。

4) 台灣有＿＿＿＿條河。

5) 在文字上，台灣人用＿＿＿＿。

B 配對

□ 1) 台灣是中國的

□ 2) 台灣多雨、多風，

□ 3) 百分之九十八的台灣人是

□ 4) 在夜市可以吃到

　　a) 用繁體字。

　　b) 夏天非常熱，還常有颱風。

　　c) 第一大島。

　　d) 著名的台灣小吃。

　　e) 來自中國大陸的漢族人。

　　f) 說閩南話和客家話。

C 寫短文

介紹你的國家。你要寫：

· 國家全稱、地理位置、人口

· 地形、氣候

· 民族、語言

· 旅遊勝地、美食

牛郎織女

傳說很久以前，有一個孤兒叫牛郎，只有一頭老牛跟他作伴。有一天牛郎放牛時，看見一羣仙女在河裏洗澡。老牛讓牛郎拿走了七仙女——織女的衣服。後來牛郎和織女結為夫妻，生了一個兒子和一個女兒，過得很幸福。可是好景不長，王母娘娘知道這件事後很生氣，讓織女回到了天上。後來老牛病死了。死之前老牛告訴牛郎，他可以披着牛皮飛到天上。於是，牛郎就披着牛皮，帶着一雙兒女，飛到了天上。為了不讓牛郎和織女見面，王母娘娘用銀簪在天上劃了一條線，這條線一下子就變成了銀河。天上的喜鵲被牛郎和織女的愛情感動了，每年農曆七月初七那天都用翅膀為他們搭一座鵲橋，讓他們團聚。王母娘娘知道後，答應讓他們七月初七見一次面。這就是"七夕"這個傳統節日的由來。

生詞	
❶ 牛郎 niú láng the Cowherd in the legend "the Cowherd and the Weaver Girl"	
❷ 織女 zhī nǚ the Weaver Girl in the legend "the Cowherd and the Weaver Girl"	
❸ 孤兒 gū ér orphan	❹ 作伴 zuò bàn keep company
❺ 放牛 fàng niú pasture or graze cattle	
❻ 羣 qún a measure word	
❼ 仙女 xiān nǚ fairy maiden	
❽ 夫妻 fū qī husband and wife	
❾ 好景不長 hǎo jǐng bù cháng good times don't last long	
❿ 王母娘娘 wáng mǔ niáng niang the Queen Mother of the West	
⓫ 死 sǐ die	
⓬ 披 pī wrap around	
⓭ 於是 yú shì then	
⓮ 簪 zān hairpin	
⓯ 劃 huà divide	
⓰ 一下子 yí xià zi suddenly	
⓱ 銀河 yín hé the Milky Way	
⓲ 喜鵲 xǐ què magpie	
⓳ 愛情 ài qíng love	
⓴ 翅膀 chì bǎng wing	
㉑ 搭 dā build	㉒ 答應 dā ying promise
㉓ 七夕 qī xī the seventh evening of the seventh moon of the lunar calendar	
㉔ 由來 yóu lái origin	

A 判斷正誤

☐ 1) 牛郎是一個孤兒。

☐ 2) 牛郎和織女有兩個孩子。

☐ 3) 織女回到天上以前牛郎的老牛就死了。

☐ 4) 牛郎和織女因為銀河而不能見面。

☐ 5) 牛郎和織女的愛情感動了喜鵲。

☐ 6) 王母娘娘只讓牛郎和織女每年見一次面。

B 寫意思

1) 仙 { 仙女 仙境 } fairy

2) 孤 { 孤兒 孤獨 } lonely

3) 翅 { 翅膀 雞翅 } wing

4) 搭 { 搭建 搭橋 } build

C 模仿例子英譯漢

1) 例子：天上的喜鵲被牛郎和織女的愛情感動了。

The table was messed up by my little sister.

2) 例子：王母娘娘答應讓他們七月初七見一次面。

My mum has agreed to take me to the Aberdeen country park.

24 讀成語，配對

☐ 1) 有說有笑 (yǒu shuō yǒu xiào)

a) 心思靈敏，手藝巧妙。(xīn si líng mǐn　shǒu yì qiǎo miào)

☐ 2) 情同手足 (qíng tóng shǒu zú)

b) 形容興致很高，精神飽滿。(xìng zhì　jīng shen bǎo mǎn)

☐ 3) 興高采烈 (xìng gāo cǎi liè)

c) 形容十分歡快。

☐ 4) 心靈手巧 (xīn líng shǒu qiǎo)

d) 沒有什麼不能做的。

☐ 5) 無所不能 (wú suǒ bù néng)

e) 交情很深，像兄弟一樣。(jiāo qing　shēn)

第五課　遊學

課文 1

1 用所給詞語填空

| 計劃　困難　包括　天氣　學期　景點　美食　機會 |

1) 麻煩您給我介紹一下上海遊學_____。

2) 在上海你們還有_____去看雜技表演，遊覽外灘。

3) 我不太習慣上海的_____。那裏的夏天非常熱，冬天很冷。

4) 上海的遊學計劃_____漢語課和文化課。

5) 在漢字學習方面，我遇到了一些_____。

6) 我只學過一個_____漢語，説得不太好。

7) 週末會安排你們遊覽城隍廟、東方明珠電視塔等_____。

8) 我們在城隍廟品嘗了很多上海_____，有小籠包、獅子頭等。

2 造句

① 漢字　遇到　記不住：

② 計劃　包括　部分：

③ 暖和　涼快　建議：

④ 遊覽　景點　美食：

3 填表

姓名：	（中文）		（英文）	
出生日期：　　年　月　日		出生地：		國籍： (guó jí)
住址： 手機： 電郵：		護照號碼： (hù zhào) 簽發日期： (qiān fā) 簽發地：		
入境日期： (rù jìng)		逗留時間： (dòu liú)		
你以前是否去過中國？ (fǒu)				
你上次是什麼時候去中國的？				
你這次去中國的目的是什麼？				

4 翻譯

① 媽媽，我們能不能六點吃晚飯？我好早點兒去做義工。

② 你趕快把作業做完。我們好去打羽毛球。

③ 你決定了以後告訴我。我好訂機票。

④ 你開完生日會以後給我打電話。我好去接你。

今年的復活節(fù huó jié)假期我參加了"中華文化遊學活動"。遊學活動的十天裏，我們去了上海、蘇州和周莊(zhōuzhuāng)。

在上海，上海雜技團(zá jì tuán)的表演給我留下了深刻(shēn kè)的印象。演員中最小的只有五歲。他們的表演精彩極了。

蘇州是一座歷史文化名城，有兩千五百多年的歷史。我們在蘇州不僅遊覽了拙政(zhuō zhèng)園(yuán)、留園等著名的園林(yuán lín)，還參觀了當地的一所學校。我們上午跟初二的學生一起上中文課，下午跟他們交流。

周莊是有名的江南水鄉(jiāng nán shuǐ xiāng)，位於蘇州和上海之間。周莊四面環水，風景如畫。我們划(huá)着船穿行(chuān xíng)在小橋、流水、人家之間。

我非常喜歡這次遊學活動。我不僅欣賞(xīn shǎng)了美麗的風景，還學到了不少關於中國文化的知識，進一步瞭解了中國。

A 寫意思

1) 復活節：＿＿＿＿＿＿

2) 深刻：＿＿＿＿＿＿

3) 園林：＿＿＿＿＿＿

4) 欣賞：＿＿＿＿＿＿

B 配對

☐ 1) 他們在上海

☐ 2) 蘇州是一座歷史文化名城，

☐ 3) 周莊是有名的江南水鄉，

☐ 4) 周莊的小橋、流水、人家

　a) 離上海很遠。
　b) 組成了一幅美景。
　c) 待了十天。
　d) 有很多著名的園林。
　e) 可以坐船遊覽。
　f) 觀看了精彩的雜技表演。

C 回答問題

1) 遊學團帶他們去了哪些地方？

2) 在蘇州，除了遊覽園林以外，他們還做了什麼？

3) 他為什麼喜歡這次遊學活動？

6 填動詞

1) _____臉譜　　2) _____雜技　　3) _____美食　　4) _____城隍廟

5) _____博客　　6) _____冠軍　　7) _____意見　　8) _____毛筆字

9) _____決定　　10) _____建議　　11) _____問題　　12) _____大學

7 閱讀理解

　　剪紙——用剪刀(jiǎn dāo)把紙剪成美麗(lì)的圖案(tú àn)，是中國古老的民間(mín jiān)藝術之一，是中國民間藝術的瑰寶(guī bǎo)。

　　中國人在傳統節日和吉慶(jí qìng)的日子都會貼剪紙。過年的時候，家家戶戶都貼年畫(nián huà)和窗花(chuāng huā)。人們把剪紙貼在牆上、門上和窗上，增添(zēng tiān)節日的氣氛(qì fēn)。辦喜事(bàn xǐ shì)的時候，人們會剪紅雙喜——囍(xǐ)，貼在新房的門上、窗上，祝福(zhù fú)一對新人。

　　剪紙題材(tí cái)豐富，構圖(gòu tú)活潑，顏色鮮豔(xiān yàn)。剪紙的圖案有各種鳥獸(niǎo shòu)魚蟲、花卉(huā huì)、瓜果、人物等等。剪紙的顏色大多是紅色，也有其他明亮喜慶(xǐ qìng)的顏色。雖然剪紙有很多不同的題材，但所有作品(zuò pǐn)都表達(biǎo dá)人們對美好生活的嚮往(xiàng wǎng)，希望豐衣足(fēng yī zú)食、健康長壽(cháng shòu)、萬事如意(wàn shì rú yì)。

A 填空

1) 剪紙是用_____把紙剪成美麗的圖案。

2) 剪紙是中國古老的_____。

3) 中國的_____和吉慶的日子都會貼剪紙。

4) 剪紙題材_____，構圖_____，顏色_____。

B 配對

□ 1) 中國人過年時

□ 2) 中國人在新房的門上和窗上

□ 3) 剪紙構圖生動活潑，

□ 4) 中國人通過剪紙

a) 貼紅雙喜。

b) 慶祝春節、辦喜事。

c) 家家戶戶都貼年畫和窗花。

d) 中國民間藝術的瑰寶。

e) 顏色鮮豔明亮。

f) 希望生活越來越好。

8 組詞並寫出意思

1) 遊學_____ : _____
2) 京劇_____ : _____
3) 慈善_____ : _____
4) 文化_____ : _____
5) 少數_____ : _____
6) 邊遠_____ : _____

9 閱讀理解

豫園商城位於上海市中心商業區。它把豫園、城隍廟等名勝古跡連成一片，是上海著名的旅遊景點。在豫園商城人們可以參觀廟宇、欣賞園林建築、購物、品嘗風味小吃。

豫園是明朝的私人花園，建於1559年。豫園內有亭台樓閣、古樹名花、假山、池塘等。豫園還經常舉辦畫展、燈會等活動。

城隍廟是道教廟宇，有六百多年的歷史，在國內外享有盛名。城隍廟有財神殿、城隍殿、娘娘殿等九個殿堂。城隍廟裏供奉的城隍神都是歷史人物。這些歷史人物大多數在中國歷史上確有其人。他們有的品德高尚、為人正直，有的為百姓行善、為官清廉。老百姓供奉他們是希望得到他們的保護。

A 選擇（答案不只一個）

1) 豫園商城_____。
   a) 在上海市中心商業區
   b) 是著名的旅遊景點
   c) 建於1559年

2) 城隍廟_____。
   a) 裏供奉的都是歷史人物
   b) 裏有九個殿堂
   c) 經常舉辦畫展

B 回答問題

1) 在豫園商城可以做什麼？

2) 豫園裏有什麼？

3) 老百姓在城隍廟裏供奉什麼樣的歷史人物？為什麼？

10 完成句子

1) 在學習漢字方面，我_____

2) 文化課包括_____

3) 在上海，你們還會有機會_____

4) 這個遊學計劃聽起來很有特色，_____

11 看圖寫短文

你可以用

a) 這個遊學計劃包括兩個部分：漢語課和運動課。

b) 青島是中國的帆船之都。
fān chuán zhī dū

c) 運動課包括帆船、帆板、騎自行車等。
fān bǎn

d) 我們參觀遊覽了青島海軍博物館、青島海底世界、五四廣場等景點。
hǎi jūn hǎi dǐ

e) 我們品嚐了很多山東美食，有葱燒海參、糖醋鯉魚等。
cōng shāo hǎi shēn táng cù lǐ yú

12 用所給詞語填空

| 官方 | 文字 | 總數 | 書報 | 意思 | 歷史 | 讀音 | 大意 |

1) 漢語普通話是中國的＿＿＿＿＿語言。

2) 漢字大約有三千年的＿＿＿＿＿。

3) 漢語的＿＿＿＿＿＿＿可以用拼音表示。

4) 當你知道一個句子裏每個詞的意思時，差不多就能猜出這個句子的

＿＿＿＿＿了。

5) 漢字是世界上最古老的＿＿＿＿＿之一。

6) 漢字的＿＿＿＿＿超過八萬個，但是常用字只有三千五百個左右。

7) 差不多每個漢字都有＿＿＿＿＿。

8) 學會了三千五百個常用字後，你就能看懂中文＿＿＿＿＿了。

13 完成句子

1) 我從小學一年級開始學中文，＿＿＿＿＿＿＿＿＿＿＿＿＿＿＿＿＿

2) 我在學校學簡體字，＿＿＿＿＿＿＿＿＿＿＿＿＿＿＿＿＿＿＿＿＿

3) 我覺得漢語的語法＿＿＿＿＿＿＿＿＿＿＿＿＿＿＿＿＿＿＿＿＿＿

4) 我覺得我的漢語比以前＿＿＿＿＿＿＿＿＿＿＿＿＿＿＿＿＿＿＿＿

14 寫反義詞

1) 簡 →＿＿＿＿　　2) 快 →＿＿＿＿　　3) 暖和 →＿＿＿＿＿　　4) 好處 →＿＿＿＿＿

5) 鹹 →＿＿＿＿　　6) 飽 →＿＿＿＿　　7) 便宜 →＿＿＿＿＿　　8) 古老 →＿＿＿＿＿

15 閱讀理解

現代漢語除了普通話以外，還有很多不同的方言。漢語的方言不僅語音 (yǔ yīn) 不同，詞彙 (cí huì) 和語法也很不同。

中國有很多方言。北方方言以北京話為主。長江以北的漢族人，以及湖北 (hú běi)、四川、雲南、貴州 (guì zhōu) 等地的漢族人使用北方方言。使用北方方言的人分佈 (fēn bù) 最廣，數量 (shù liàng) 最多，佔整個 (zhěng gè) 漢族人口的 73%。吳 (wú) 方言以上海話為主。一億多人使用吳方言。他們主要分佈在江蘇 (jiāng sū)、浙江 (zhè jiāng)、上海、安徽 (ān huī) 南部等地區。客家 (kè jiā) 方言以廣東 (guǎng dōng) 的梅縣 (méi xiàn) 話為主。七千多萬人使用客家方言。他們主要分佈在廣東、廣西 (guǎng xī)、福建、江西 (jiāng xī) 等地。東南亞一些國家的華僑 (huá qiáo) 和華裔也有很多說客家話。粵 (yuè) 方言即 (jí) 粵語，又叫廣東話、白話。約 1.2 億人使用粵方言。他們主要分佈在廣東、廣西、海南、香港、澳門 (ào mén)。新加坡、馬來西亞、越南 (yuè nán) 等很多國家的華人社區 (shè qū) 也使用粵語。

A 選出四個正確的句子

☐ 1) 漢語各方言的詞彙和語法差不多。

☐ 2) 多達百分之七十三的漢族人說北方方言。

☐ 3) 住在湖北的漢族人說北方方言。

☐ 4) 很多住在海外的華僑說上海話。

☐ 5) 很多住在東南亞的華僑會說客家話。

☐ 6) 住在新加坡的華人可能會說粵語。

B 回答問題

1) 除了普通話以外，中國還有哪些方言？

2) 普通話和其他方言有哪些不同？

3) 多少人說吳方言？

4) 粵語還叫什麼？

5) 東南亞國家的華僑可能會說哪兩種方言？

16 用所給結構及詞語造句

1) 學會了三千五百個常用字以後，你就能看懂中文書報了。 →

沒看懂　文章：

2) 我們商量好今年夏天去上海旅行。 →

沒商量好　報考：

3) 我畫完了一幅山水畫。 →

沒畫完　油畫：

17 回答問題

1) 中國的官方語言是什麼？

2) 除了中國以外，還有哪些國家使用漢語？

3) 哪些地區使用繁體字？

4) 普通話有幾個聲調？

5) 漢語的讀音可以用什麼表示？

6) 為什麼正確的發音和聲調很重要？

7) 漢字的總數是多少？

8) 漢字中有多少個常用字？

18 閱讀理解

有關資料統計，現在世界上有七十多億人，兩百多個國家，兩千五百多個民族，五千多種語言。在這些語言中大約四分之三的語言沒有文字，只有 10% 的語言是安全語言。它們有文字，很多人正在使用，會一代一代傳下去。

世界上使用人數超過五千萬的語言有十三種，其中漢語、英語、烏爾都語、西班牙語、俄語的使用人數都在一億以上。法語的使用人數雖然不到一億，但是法語是三十多個國家和地區的官方語言。

因為世界上的語言太多了，所以有人創造了世界語，希望全世界各個民族、各種膚色的人都能用同一種語言交流。據說目前已經有十多萬人能使用世界語了。

A 配對

☐ 1) 現在世界上有

☐ 2) 有文字，使用人數較多的語言

☐ 3) 使用法語的人

☐ 4) 世界上的語言

a) 超過五千種。

b) 兩千五百多個民族。

c) 傳播到很多國家。

d) 才能一代一代傳下去。

e) 八十多億人。

f) 分佈在很多國家和地區。

B 回答問題

1) 哪些語言的使用人數超過了五千萬？

2) 為什麼要創造世界語？

19 造句

1) 詞　由……組成：＿＿＿＿＿＿＿＿＿＿＿＿＿＿＿＿＿

2) 簡體字　繁體字：＿＿＿＿＿＿＿＿＿＿＿＿＿＿＿＿＿

3) 普通話　聲調：＿＿＿＿＿＿＿＿＿＿＿＿＿＿＿＿＿＿＿

4) 漢字　記：＿＿＿＿＿＿＿＿＿＿＿＿＿＿＿＿＿＿＿＿＿

網絡一對一漢語家教

課程特色：成績優秀的大學生和一線的漢語普通話老師，網絡一對一輔導

課程：口語課、寫作課、中高考補習課

收費：小學生￥150 / 小時，中學生￥180 / 小時

上課時間：週一至週五，下午2點至晚上8點

　　　　　週六及週日，上午8點至晚上8點

　　　　　節假日休息

報名方式：聯繫客服，提交學生以前的試卷、作業等材料

聯繫方式：登錄網站 (www.tutoring.com) 或打電話 (54008600)

A 判斷正誤

□ 1) 學生要上網才能"見"到家教。

□ 2) 大學生也請家教補習。

□ 3) 家教節假日也上門授課。

□ 4) 請家教前要先報名。

B 回答問題

1) 可以請家教上什麼課？

2) 週末什麼時候上課？

3) 應該怎樣聯繫客服？

21 寫意思

① ｛ 聲調：＿＿＿＿＿＿＿
　　 聲音：＿＿＿＿＿＿＿

② ｛ 文章：＿＿＿＿＿＿＿
　　 樂章：＿＿＿＿＿＿＿

③ ｛ 拼音：＿＿＿＿＿＿＿
　　 拼寫：＿＿＿＿＿＿＿

④ ｛ 官方：＿＿＿＿＿＿＿
　　 官員：＿＿＿＿＿＿＿

⑤ ｛ 剪紙：＿＿＿＿＿＿＿
　　 剪刀：＿＿＿＿＿＿＿

⑥ ｛ 明珠：＿＿＿＿＿＿＿
　　 珠寶：＿＿＿＿＿＿＿

今年暑假我去上海參加了一個為期(wéi qī)兩週的中國文化夏令營。夏令營期間我大開眼界(dà kāi yǎn jiè)，學到了很多課堂上學不到的東西。

這個夏令營有六十名來自(lái zì)世界各地的初中生。在夏令營期間，我們的學習、娛樂(yú lè)和生活都十分豐富多彩。為了讓我們體驗(tǐ yàn)中國文化，夏令營請來了國畫大師給我們講解(jiǎng jiě)，指導(zhǐ dǎo)我們自己動手(dòng shǒu)作畫。夏令營還請了一位民間剪紙藝術家給我們展示(zhǎn shì)剪紙技藝(jì yì)，教我們剪各種圖案的剪紙。我們還做了風箏、畫了臉譜、欣賞了古箏(gǔ zhēng)表演。除此之外，我們還進行(jìn xíng)了漢語作文(zuò wén)比賽。學習之餘(zhī yú)，我們參觀遊覽了中國世博館、外灘、東方明珠電視塔等景點，品嘗了城隍廟的上海小吃。

兩週的活動讓我的漢語更好了，更願意用漢語溝通了，還結識(jié shí)了很多新朋友。

A 判斷正誤

□ 1) 三週的夏令營讓他增長了見識。

□ 2) 他們跟畫家學了國畫。

□ 3) 他們學會了彈古箏。

□ 4) 他們進行了作文比賽。

□ 5) 他們品嘗了上海的美食。

□ 6) 他現在更願意説漢語了。

B 回答問題

1) 參加夏令營的學生來自哪裏？

2) 夏令營期間他們遊覽了哪些景點？

3) 參加夏令營他有什麼收穫？

C 寫短文

給你的外／祖父母寫電郵，告訴他們你參加課外活動的經歷。你要寫：

· 你是什麼時候，跟誰一起參加活動的

· 你去了幾天

· 你做了什麼

· 你有什麼收穫

孟姜女哭長城

秦朝時，有一對青年男女——范喜良和孟姜女。他們結婚剛三天，范喜良就被秦始皇的軍隊抓去修築長城了。丈夫被抓走後孟姜女非常難過。她日夜苦苦等待丈夫回來，可是等來等去，一點兒消息都沒有。

冬天快到了，孟姜女還是不見丈夫回來。她決定親自把做好的棉衣給丈夫送去。孟姜女一路上不知饑渴，不知勞累，經歷了千辛萬苦，終於到了長城腳下。她四處打聽丈夫的下落，最後有一個好心人告訴她，范喜良早就累死了，就埋在長城的下面。聽後，孟姜女傷心地痛哭起來。她在長城腳下哭了不知多少日子，她的哭聲感天動地。有一天，忽然一聲巨響，長城被孟姜女哭倒了一段，范喜良的屍骨露了出來。孟姜女緊抱着丈夫的屍體，跳海自盡了。

生詞

1. mèng jiāng nǚ 孟姜女 Meng Jiangnü
2. kū 哭 cry
3. qín cháo 秦朝 Qin Dynasty (221 B.C.-206 B.C.)
4. qīng nián 青年 young
5. fàn xǐ liáng 范喜良 Fan Xiliang
6. qín shǐ huáng 秦始皇 First Emperor (259 B.C.-210 B.C.) of China's Qin Dynasty
7. jūn duì 軍隊 army
8. zhuā 抓 press-gang
9. xiū zhù 修築 construct
10. rì yè 日夜 day and night
11. děng dài 等待 wait
12. xiāo xi 消息 news
13. qīn zì 親自 in person
14. mián yī 棉衣 cotton-padded clothes
15. jī kě 饑渴 hunger and thirst
16. láo lèi 勞累 tired
17. jīng lì 經歷 undergo
18. qiān xīn wàn kǔ 千辛萬苦 innumerable hardships
19. zhōng yú 終於 finally
20. dǎ ting 打聽 inquire
21. xià luò 下落 whereabouts
22. hǎo xīn rén 好心人 good soul
23. mái 埋 bury
24. shāng xīn 傷心 broken-hearted
25. tòng kū 痛哭 cry bitterly
26. gǎn tiān dòng dì 感天動地 even the heaven and the earth are moved
27. hū rán 忽然 suddenly
28. dǎo 倒 collapse
29. duàn 段 a measure word; section
30. shī gǔ 屍骨 skeleton
31. lù 露 show
32. jǐn 緊 tight
33. bào 抱 hold or carry in the arm
34. shī tǐ 屍體 corpse
35. zì jìn 自盡 commit suicide

A 判斷正誤

□ 1) 范喜良結婚後不久就被秦始皇的軍隊抓走了。

□ 2) 孟姜女去長城給丈夫送穿的和吃的。

□ 3) 范喜良修築長城的時候累死了。

□ 4) 孟姜女的哭聲感動了天地。

B 写近义词

傷心	親自
等待	終於
消息	經歷

1) 信息→ _____

2) 經過→ _____

3) 難過→ _____

4) 等候→ _____

5) 最終→ _____

6) 親身→ _____

C 配對

□ 1) 丈夫被抓走後孟姜女

□ 2) 孟姜女來到長城腳下

□ 3) 孟姜女聽到丈夫累死的消息後，

a) 一下子就打聽到了丈夫的下落。

b) 感動了所有修築長城的人。

c) 在家裏苦苦地等待。

d) 得知丈夫早就不在人世了。

e) 傷心地哭了起來。

f) 馬上跳海自盡了。

24 讀成語，配對

□ 1) 五彩繽紛
wǔ cǎi bīn fēn

□ 2) 無論如何
wú lùn rú hé

□ 3) 無憂無慮
wú yōu wú lù

□ 4) 同心協力
tóng xīn xié lì

□ 5) 數一數二
shǔ yī shǔ èr

a) 沒有憂愁和顧慮。
yōu chóu gù lù

b) 非常突出，不算第一，也算第二。
tū chū

c) 團結一致，共同努力。
tuán jié yí zhì

d) 不管怎麼樣。

e) 顏色繁多，非常好看。

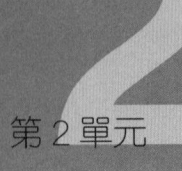

課文 1

1 用所給詞語填空

> 讀　　抄　　回答　　說　　看　　參加　　提高　　聽

1) 除了造句、翻譯，我們每天還要_____兩篇文章。

2) 課上老師用漢語講課，我們用漢語_____問題。

3) 我說漢語_____得比以前流利了。

4) 聽說他_____了一個漢語短訓班。

5) 我現在還_____不懂中文小說，因為我的中文水平比較低。

6) 通過一個月的強化訓練，我的漢語水平_____了不少。

7) 如果遇到生字、生詞，我要把它_____到生字本上。

8) 這個漢語短訓班_____起來很不錯。

2 用所給結構及詞語造句

1) 每個生詞我都抄了十遍。

　→ 小說　看　兩遍：

2) 這部電影我看了三遍。

　→ 句子　抄　三遍：

3) 這篇課文我讀了三遍。

　→ 聽力練習　做　兩遍：

4) 爸爸每個月都去一次日本。

　→ 每年　兩次　中國：

5) 我在那家酒店吃過一次下午茶。

　→ 上海　三次　漢語短訓班：

6) 我在外婆家放過兩次風箏。

　→ 學校　兩次　國畫：

3 填量詞

1) 一＿＿椅子　　2) 一＿＿墨水　　3) 一＿＿文章　　4) 一＿＿比賽

5) 一＿＿耳機　　6) 一＿＿圍巾　　7) 一＿＿鮮花　　8) 一＿＿毛筆

4 閱讀理解

互助漢語家教

　　我校的一些低年級非華裔學生覺得漢語很難學，課下需要額外（é wài）的幫助，但是很難找到合適的補習老師。因此我校中文系推出（tuī chū）了"互助漢語家教"活動。一方面解決低年級學生找家教難的問題，另一方面給高年級學生服務他人的機會。高年級學生為低年級學生補習的時間會算作（suàn zuò）國際文憑（wén píng）課程"創意（chuàng yì）—行動（xíng dòng）—服務"計劃中服務的內容。

招聘對象（zhāo pìn duì xiàng）：十至十二年級的學生

要求：中文成績優秀，工作認真、負責，有愛心和耐心

招聘人數（rén shù）：若干（ruò gān）

補習費用：免費

補習時間：午餐時間

補習地點：學校圖書館二樓

報名截止（jié zhǐ）日期：12 月 30 日

連絡人：齊老師 qy@qq.com

A 選擇

1) 做家教的學生＿＿＿＿。

　a) 一定是十年級的學生

　b) 中文成績一定很好

　c) 要在 12 月 30 日以後報名

2) 互助漢語家教＿＿＿＿。

　a) 午餐時間給低年級的學生補課

　b) 會向低年級的學生收費

　c) 可以在圖書館做義工

B 回答問題

1) 誰需要找家教？

2) 為什麼中文系要推出"互助漢語家教"活動？

3) 什麼樣的學生可以做互助家教？

中文報刊海外售價 (不含郵資)	
報刊名稱	全年訂價 (美元) (九折優惠)
1)《人民日報》海外版	$ 45 / 份
2)《中國日報》英文版	$ 75.6 / 份
3)《南華早報》日報	$ 49.5 / 份
4)《中國青年報》日報	$ 45 / 份
5)《北京晚報》日報	$ 29.7 / 份
6)《經濟日報》日報	$ 34.2 / 份
7)《環球時報》日報	$ 43.2 / 份
8)《中國廣播報》週報	$ 23.4 / 份
9)《時裝時報》週報	$ 86.4 / 份
10)《中國攝影》半月刊	$ 26.1 / 份
11)《讀者文摘》半月刊	$ 36 / 份
12)《青年文摘》月刊	$ 25.2 / 份
13)《婚姻與家庭》月刊	$ 19.8 / 份
14)《中國語文》雙月刊	$ 27 / 份
15)《中國針灸》季刊	$ 19.8 / 份

A 選出四個正確的句子

☐ 1) 這些報刊可以在國外訂購。

☐ 2) 訂這些報刊要用美元。

☐ 3) 只要全年訂購這些報刊就可以打折。

☐ 4) 只有一份雜誌每半個月出一期。

☐ 5) 訂一年《讀者文摘》要付 33 美元。

☐ 6)《中國語文》每年出六本。

B 回答問題

1)《中國針灸》一年出幾本？

2) 哪些雜誌一年出二十四期？

6 造句

1) 一個月下來　口語　寫作　進步：＿＿＿＿＿＿＿＿＿＿

2) 通過　訓練　水平　提高：＿＿＿＿＿＿＿＿＿＿

3) 漢語　流利　發音　準：＿＿＿＿＿＿＿＿＿＿

4) 作業　造句　翻譯　作文：＿＿＿＿＿＿＿＿＿＿

第五屆國際漢語夏令營

"國際漢語夏令營"由北京語言大學國際漢語中心籌辦，每年的七、八月舉辦。北京語言大學國際漢語中心以豐富的漢語教學經驗、合理有效的課程設計、多種多樣的語言文化活動和優質的學校設施而聞名。國際漢語夏令營的學員來自歐美、日韓、東南亞等不同國家。

授課：沉浸式漢語教學

課程安排：上午上漢語課

下午安排文化活動

（武術、京劇、國畫、書法等）

學生年齡：十歲至十六歲

班級人數：每班十五人

課程時間：第一期 7 月 1 日至 7 月 21 日

第二期 8 月 1 日至 8 月 21 日

費用：¥12,000（包括學費、食宿、交通費）

住宿：北京語言大學留學生宿舍

報名：登錄網站 www.hycampbyct.com

＊ 注 意 ：

請有意參加的同學儘快報名，名額有限。

A 寫意思

1) 籌辦：____ 5) 年齡：____

2) 有效：____ 6) 食宿：____

3) 設計：____ 7) 儘快：____

4) 優質：____ 8) 名額：____

B 選出四個正確的句子

□ 1) 夏令營裏的漢語老師只用中文授課。

□ 2) 在夏令營有機會畫國畫。

□ 3) 夏令營的每個班有二十多個學生。

□ 4) 夏令營期間的飯錢需要另付。

□ 5) 如果想參加夏令營，要上網報名。

□ 6) 如果想參加夏令營，應該早點兒報名。

C 回答問題

1) "國際漢語夏令營"為什麼很有名？

2) 參加"國際漢語夏令營"的學員來自哪裏？

招聘赴新加坡國際漢語教師

一、應聘條件

1) 大專或大專以上學歷，中文專業或學前教育專業

2) 女性，身體健康，熱情開朗，有愛心，有責任心，喜歡與兒童相處

3) 有工作經驗者優先考慮

二、福利待遇

1) 月薪 1400-2000 新幣

2) 每週工作 50 小時，五天半工作制

3) 享受新加坡法定假期及病假

三、語言要求

普通話標準，英語流利

四、應聘所需材料

1) 個人簡歷（中、英文簡歷各一份）

2) 近期生活照一張，工作照三張

3) 護照掃描件一份

4) 學歷及相關證書掃描件一份

五、應聘過程

1) 報名

2) 提交材料

3) 面試

A 選擇（答案不只一個）

1) 招聘的老師_____。

   a) 會去新加坡教漢語

   b) 至少要有大學文憑

   c) 要會說中文和英文

2) 招聘的老師_____。

   a) 每週工作五天半

   b) 可以請病假

   c) 每個月的工資是 2000 人民幣

3) 申請人要交_____。

   a) 中、英文簡歷

   b) 三張生活照

   c) 學歷證書掃描件

B 回答問題

1) 這個工作對應聘人專業有什麼要求？

2) 這個工作對性格有什麼要求？

3) 想應聘這個工作，除了報名和交材料以外，還要做什麼？

9 完成句子

1) 這個漢語短訓班聽起來不錯，_____

2) 通過一個月的強化訓練，我_____

3) 漢語課上老師_____

4) 學生們課下_____

5) 每天回家以後，我_____

10 看圖寫短文

你可以用

a) 我參加了一個漢語短訓班。

b) 課上老師用漢語講課，我們用漢語回答問題、做練習、做口頭報告等。

c) 課下我們用漢語去商店購物、在飯店點菜。

d) 一個月下來，我的聽力和口語能力都有了很大的提高。

e) 雖然短訓班的學費很貴，但是很值得。

11 填空

1) 小時候每個週末媽媽都_____着我上漢語班。

2) 我常常一邊抄生字一邊_____。

3) 今年暑假，我_____了一個漢語暑期班。

4) 我原來以為參加這樣的漢語班只是_____時間。

5) 我現在_____到學漢語的重要性了。

6) 通過一個月的學習，我的詞彙量_____了。

7) 一個學期下來，我的聽、說技能都_____了相當大的提高。

8) 相信只要_____下去，我的漢語就一定會有更大的進步。

12 讀一讀，想一想

我學漢語的原因：

☐ 1) 以後可能去中國上大學。

☐ 2) 以後可能去中國工作。

☐ 3) 以後想去說漢語的國家工作。

☐ 4) 以後可以找一份好工作。

☐ 5) 想聽中國音樂、唱中國歌。

☐ 6) 想看懂中國電影。

☐ 7) 想看中文報紙、雜誌。

☐ 8) 想用中文寫電郵。

☐ 9) 想跟中國人直接交流。

☐ 10) 喜歡中國書法。

☐ 11) 對漢字很感興趣。

☐ 12) 對中國的歷史和文化感興趣。

☐ 13) 打算去中國旅遊。

☐ 14) 很多朋友是中國人。

☐ 15) 小時候學過中文。

☐ 16) 父母都是中國人。

☐ 17) 父母一方_{yì fāng}是中國人。

☐ 18) 父母逼着學漢語。

☐ 19) 中國會變成_{biàn chéng}世界強國。

☐ 20) 漢語是聯合國_{lián hé guó}六種通用語言之一。

13 讀一讀，寫一寫

在聽力方面遇到的困難：	怎麼提高：
• 課上老師講課有時候聽不懂	• 向老師提問
• 中國人説漢語時很多詞聽不懂	• 多看中文電視節目
• 看中文電視節目(jié mù)時只能聽懂幾個詞	• 多看中文電影
• 聽錄音(lù yīn)時要一邊聽一邊看文字才聽得懂	• 多聽中文歌
• 漢語的四個聲調總是分不清(fēn qīng)	• 多聽錄音
	• 多記生詞，擴大(kuò dà)詞彙量

在口語方面遇到的困難：	怎麼提高：
• 一些音發不準	• 大聲讀生詞
• 四個聲調發不準	• 每天讀課文
• 常説錯聲調	• 把自己的朗讀(lǎng dú)錄下來
• 不敢(gǎn)説漢語，怕別人聽不懂	• 多跟中國人聊天兒
• 漢語説得不流利	• 多唱中文歌
• 不知道怎麼表達自己的想法	• 多記生詞，增加詞彙量

小任務 寫一寫你在聽、説方面遇到的困難，以及你打算怎麼提高你的聽、説能力。

14 填動詞

1) ＿＿＿課文　　2) ＿＿＿生字　　3) ＿＿＿建議　　4) ＿＿＿作文

5) ＿＿＿時間　　6) ＿＿＿單詞　　7) ＿＿＿問題　　8) ＿＿＿競賽

9) ＿＿＿雜技　　10) ＿＿＿美食　　11) ＿＿＿意見　　12) ＿＿＿詞彙量

13) ＿＿＿決定　　14) ＿＿＿想法　　15) ＿＿＿大學　　16) ＿＿＿暑期班

目前全世界學習漢語的人越來越多了。根據統計（gēn jù tǒng jì），現在有一百多個國家超過三千多所高校教授漢語（jiāo shòu），學生人數高達三千多萬人（rén shù gāo dá）。

在美國，學習漢語的人數增加得最快。漢語已經成為（chéng wéi）第二外語，僅次於（jǐn cì yú）西班牙語。八百多所大學有中文系。越來越多的中小學開設（kāi shè）了中文課。許多城市還開設了孔子學院（kǒng zǐ）和孔子課堂。

法國有大約兩萬五千名中小學生、一萬六千名大學生學習漢語，人數居（jū）歐洲之首。法國是繼（jì）日、韓之後世界第三大"漢語托福（tuō fú）"考試的國家。

韓國和日本一直是漢語學習最熱的國家。幾乎（jī hū）每所大學都有漢語專業。漢語也已經成為中小學外語選課中的第一外語了。

根據俄羅斯大使館（dà shǐ guǎn）教育處統計，俄羅斯有多個漢語教學點、幾千個學習漢語的學生。這些懂漢語的人才非常搶手（qiǎng shǒu），很多公司都願意聘請（pìn qǐng）會講漢語的人。

A 配對

□ 1) 在韓國幾乎所有大學

□ 2) 在法國學漢語的學生人數

□ 3) 在日本的中小學

□ 4) 俄羅斯共有

　a) 在歐洲排第一。

　b) 韓國居第二。

　c) 都開設了漢語專業。

　d) 沒有孔子學院和孔子課堂。

　e) 漢語是外語選修課的第一外語。

　f) 幾千個學生在學漢語。

B 回答問題

1) 全世界共有多少個國家開設漢語課？

2) 美國的第一外語是哪種語言？

3) 在美國，人們可以在哪裏學漢語？

4) 在俄羅斯，什麼樣的人找工作時十分受歡迎？

16 閱讀理解

有些語言學家建議中國恢復（huī fù）一部分繁體字。他們的理由（lǐ yóu）是：第一，繁體字可以表達更多含（hán）義（yì）。比如"親愛"這兩個字，繁體字"親"的右邊是"見"字，"愛"的中間有一個"心"字。如果把這兩個字簡化（jiǎn huà）了，就變成"親不見，愛無心"了，失去（shī qù）了中國文化的含義。第二，繁體字更美觀（měi guān），有歷史感。

反對（fǎn duì）恢復繁體字的專家認為繁體字書寫不方便，不符合時代（fú hé shí dài）的潮流（cháo liú）。現在很多學漢語的外國人覺得簡體字難學、難記。如果讓他們學繁體字就更難了。簡體字不僅容易寫、容易記，還很實（shí）用（yòng），適合現代生活的節奏（jié zòu），有利（yǒu lì）於（yú）文化的傳播（chuán bō）和普及（pǔ jí）。

其實，繁體字和簡體字沒有好壞之分。文字是一種符號（fú hào），主要功能是交流。不論學哪種漢字都可以實現交流的目的，讓我們從中瞭解到中國的歷史和文化。

A 寫意思

1) 理由：＿＿＿＿   5) 反對：＿＿＿＿＿
2) 含義：＿＿＿＿   6) 時代：＿＿＿＿＿
3) 失去：＿＿＿＿   7) 潮流：＿＿＿＿＿
4) 美觀：＿＿＿＿   8) 實用：＿＿＿＿＿

B 選擇（答案不只一個）

1) 建議恢復一部分繁體字的理由是：繁體字＿＿＿＿＿。
   a) 的筆畫比簡體字的少
   b) 的意思不容易看出來
   c) 表達的文化含義更多
   d) 看起來比較好看

2) 反對恢復繁體字的理由是：簡體字＿＿＿＿＿。
   a) 筆畫少，寫起來容易
   b) 對外國人來說比較容易學
   c) 樣子更時尚
   d) 很難讓人接受

C 回答問題

1) 文字的主要功能是什麼？

2) 你認為通過學漢字能瞭解中國文化嗎？請舉一個例子。

在閱讀方面遇到的困難：	怎麼提高：
• 讀文章時常常遇到生字、生詞	• 多記漢字
• 漢字一字多義，影響閱讀理解	• 如果一字多義，就把這個字的意思都寫下來，努力記住
• 兩個學過的漢字組成新詞時猜(cāi)不出新詞的意思	• 遇到生詞就查字典(chá zì diǎn)
• 有些語法點掌(zhǎng wò)握得不好，看不懂整個句子的意思	• 多複習學過的語法

在寫作方面遇到的困難：	怎麼提高：
• 很多字不會寫	• 每天抄漢字
• 記不住以前學過的字	• 每天學十個生字
• 筆畫多的字有時候會少寫一筆	• 認真複習語法
• 經常寫錯別字	• 多造句
• 寫句子時，總是出語法錯誤(cuò wù)	• 多問老師問題
• 寫文章時，文章的結構(jié gòu)不好	• 每個週末寫一篇週記(zhōu jì)

小任務　寫一寫你在讀、寫方面遇到的困難，以及你打算怎麼提高你的讀、寫能力。

18 完成句子

1) 小時候每個週末父母都_____

2) 我現在認識到_____

3) 我一直以為漢語暑期班不會有什麼效果，_____

4) 在學習漢語的過程中，我體會到_____

5) 在口語和寫作方面，_____

雖然我是美籍華人，但是我小時候沒有好好學過漢語。上中學後，學校有中文選修課。父母讓我選了中文，我才開始正式學漢語。我也是從那時開始迷上漢語的。

在漢語學習方面我對自己的要求很高。如果遇到記不住的字，我會抄好幾遍。如果遇到讀不準的詞，我會跟着錄音讀好幾遍。我還給自己定了一個目標，要把漢語學得像真正的中國人一樣好。

很幸運，我們的漢語老師很好。她不但教得很好，而且對我們很嚴格。課上她讓我們造句、閱讀、做口頭報告、做聽力練習。她還鼓勵我們課下也多説漢語；如果看到生詞就抄下來，然後查字典，多讀幾遍，把它記住。在老師的幫助下，我的漢語進步得很快。

我相信只要堅持下去，我一定能學好漢語。

A 配對

□ 1) 他小時候就開始學漢語，

□ 2) 他上中學以後

□ 3) 在學習漢語的過程中，

□ 4) 他的漢語老師教得非常好，

    a) 把漢語説得像中國人一樣好。

    b) 還鼓勵他們課下多用漢語。

    c) 記生詞非常容易。

    d) 但是他那時沒有好好學。

    e) 才開始對漢語感興趣。

    f) 如果發音不準，他會不斷練習。

B 回答問題

1) 漢語課上他們做什麼？

2) 如果課下遇到生詞他們應該做什麼？

C 寫短文

寫一寫你學漢語的經歷和經驗。你要寫：

· 你是從什麼時候開始學漢語的，你為什麼學漢語

· 你學漢語時遇到過哪些困難，你是怎麼克服的

· 你對其他學漢語的同學有什麼建議

梁山伯與祝英台

傳說祝英台是一位富家女子，不僅才貌出眾，而且聰明好學。那時的女子不能進學堂讀書，所以她只好女扮男裝去上學。讀書的時候，祝英台認識了誠實、英俊的梁山伯，並深深地愛上了他。梁山伯不知道祝英台是女子，只覺得跟她很投緣，把她當成兄弟。畢業後，祝英台回到家中，日夜思念着梁山伯。

幾個月後，梁山伯聽說祝英台是女子，馬上去祝家求婚，可是祝家已經答應把祝英台嫁給非常有錢的馬家了。梁山伯知道這個消息後生了重病，不久就去世了。祝英台非常痛苦，又不得不聽從父母的安排。結婚那天，在去馬家的路上，祝英台要求

停下來看一看梁山伯的墳墓。她在墳前大哭了起來。突然一聲巨響，墳墓打開了，祝英台便跳了進去。後來，人們看到一對美麗的蝴蝶從墳墓裏飛出，在空中飛舞。

生詞

liáng shān bó
1 梁 山伯 Liang Shanbo

yǔ
2 與 and

zhù yīng tái
3 祝 英台 Zhu Yingtai

cái mào chū zhòng
4 才貌出 眾 remarkable talent and good looks

xué táng
5 學堂 school

nǚ bàn nán zhuāng
6 女扮男裝 girls dressed as boys

yīng jùn
7 英俊 smart

shēn
8 深 deep

tóu yuán
9 投緣 agreeable

dàng chéng
10 當 成 treat as

sī niàn
11 思念 miss

qiú hūn
12 求婚 propose

jià
13 嫁 marry

bù jiǔ
14 不久 before long

tòng kǔ
15 痛苦 pain

tīng cóng
16 聽從 obey

tíng
17 停 stop

fén mù
18 墳墓 tomb

biàn
19 便 then

měi lì
20 美麗 beautiful

hú dié
21 蝴蝶 butterfly

kōng zhōng
22 空 中 in the air

fēi wǔ
23 飛舞 dance in the air

A 判斷正誤

□ 1) 祝英台十分聰明，但長相一般。

□ 2) 祝英台在學校讀書的時候，一直打扮成男孩的樣子。

□ 3) 梁山伯聽説祝英台不能嫁給自己後得了重病。

□ 4) 祝英台結婚那天，梁山伯病重去世了。

B 填空

結婚那天，在去馬家的路上，祝英台要求停＿＿＿看一看梁山伯的墳墓。她＿＿＿墳前大哭了＿＿＿。突然一聲巨響，墳墓打＿＿＿了，祝英台便跳了＿＿＿。後來，人們看＿＿＿一對美麗的蝴蝶從墳墓裏飛＿＿＿，在空中飛舞。

C 回答問題

1) 祝英台為什麼要女扮男裝去學堂？

2) 在學校裏，祝英台跟梁山伯的關係怎麼樣？

3) 祝英台為什麼不能嫁給梁山伯？

21 讀成語，配對

□ 1) 十全十美 shí quán shí měi	a) 想盡、用盡一切辦法。 yí qiè
□ 2) 隨時隨地 suí shí suí dì	b) 吸取別人的長處，彌補自己的不足之處。 xī qǔ mí bǔ
□ 3) 千方百計 qiān fāng bǎi jì	c) 形容來勢猛，力量強，聲勢大。 lái shì měng lì liàng qiáng shēng shì
□ 4) 取長補短 qǔ cháng bǔ duǎn	d) 形容十分完美，毫無欠缺。 háo wú qiàn quē
□ 5) 排山倒海 pái shān dǎo hǎi	e) 任何時間、任何地點。 rèn hé

第二單元　複習

第四課　**旅遊**

課文1　特別行政區　香港島　半島　離島　九龍　新界　四周　許多　面積
華裔　繁華　都市　美食　天堂　郊野　自然　獨特　香港仔
公共交通　公交　四通八達　渡輪　去處

課文2　文明　古國　全稱　共和國　成立　平方　公里　排　之後　目前
人口　超過　億　佔　民族　漢族　少數民族　總　省　自治區
直轄市　山地　高原　平原　地形　沿海　台灣島　海南島　河流
湖泊　長江　黃河

第五課　**遊學**

課文1　麻煩　遊學　文化　困難　初級　方法　內容　呢　風箏　剪紙
京劇　臉譜　雜技　表演　安排　外灘　東方明珠電視塔　城隍廟
獅子頭　特色　好　暖和　涼快

課文2　普通話　官方　大陸　馬來西亞　使用　讀音　拼音　表示　聲調
正確　發音　詞　大多數　由　組成　例如　當　句子　猜　大意
文字　簡體字　繁體字　總數　懂　書報　文章

第六課　**學漢語**

課文1　短訓班　強化　水平　提高　具體　講課　回答　聽寫　口頭　報告
辦　聽力　口語　能力　下來　流利　準　造句　翻譯　篇　生詞
抄　遍　作文　學費　值得

課文2　收穫　逼　認識　重要性　哭　以為　浪費　效果　有效　原來
體會　發現　項　技能　相當　閱讀　寫作　詞彙　增加　錯別字
養　成　過程　背　單詞　堅持　下去

句型:

1) 香港有七百多萬人,其中百分之九十一是華裔。

2) 你想吃什麼就能吃到什麼。

3) 目前中國的人口已經超過了十三億,佔世界人口的五分之一。

4) 我總是記不住漢字,學了就忘。

5) 文化課包括什麼內容呢?

6) 漢語的詞大多數是由兩個或兩個以上漢字組成的。

7) 當你知道一個句子裏每個詞的意思時,差不多就能猜出這個句子的大意了。

8) 現在我說漢語說得比以前流利了。

9) 如果遇到生字、生詞,我們要把它抄到生字本上。

10) 我們每個生詞抄十遍。

11) 在暑期班學習的過程中,我還養成了一些好的學習習慣。

12) 相信只要堅持下去,我的漢語就一定會有更大的進步。

問答:

1) 你能介紹一下香港嗎?　　香港是中國的特別行政區。香港面積不大,有七百多萬人,其中百分之九十一是華裔。

2) 為什麼叫香港"美食天堂"?　　因為在香港有世界各國的飯店。你想吃什麼就能吃到什麼。

3) 麻煩您給我介紹一下上海遊學計劃。　　這個遊學計劃包括兩個部分:漢語課和文化課。

4) 文化課包括什麼內容呢?　　文化課包括做風箏、剪紙、畫京劇臉譜、畫國畫、寫毛筆字等。

5) 聽說你參加了一個漢語短訓班。你覺得怎麼樣?　　通過一個月的強化訓練,我的漢語水平提高了不少。

6) 請給我具體介紹一下。　　短訓班要求我們只能用漢語。課上老師用漢語講課,我們用漢語回答問題。

7) 聽起來不錯。學費貴嗎?　　挺貴的,但是很值得。你也應該參加這個短訓班。

第二單元 測 驗

1 找同類詞語填空

1) 山地 ＿＿＿＿＿ ＿＿＿＿＿ ＿＿＿＿＿   2) 聽力 ＿＿＿＿＿ ＿＿＿＿＿ ＿＿＿＿＿

3) 暖和 ＿＿＿＿＿ ＿＿＿＿＿ ＿＿＿＿＿   4) 風箏 ＿＿＿＿＿ ＿＿＿＿＿ ＿＿＿＿＿

5) 公交車 ＿＿＿＿＿ ＿＿＿＿＿ ＿＿＿＿＿ ＿＿＿＿＿

2 用所給詞語填空

> 面積 　 去處 　 文明 　 文化 　 方法 　 能力 　 總數 　 效果 　 文章 　 報告

1) 香港是一個旅遊的好＿＿＿＿。

2) 漢字的＿＿＿＿超過八萬個，但是常用字只有三千五百個左右。

3) 學會了三千五百個常用字，就能用中文寫＿＿＿＿了。

4) 我一直以為參加漢語短訓班不會有什麼＿＿＿＿，只是浪費時間。

5) 遊學計劃包括兩個部分：漢語課和＿＿＿＿課。

6) 中國是世界四大＿＿＿＿古國之一。

7) 香港＿＿＿＿不大，有七百多萬人。

8) 我們的老師教了我們很多記漢字的好＿＿＿＿。

9) 短訓班期間，我們每天都有聽寫和口頭＿＿＿＿。

10) 通過一個月的學習，我的閱讀＿＿＿＿提高了不少。

3 組詞並寫出意思

1) 郊野＿＿＿：＿＿＿＿＿   2) 自然＿＿＿：＿＿＿＿＿   3) 公共＿＿＿：＿＿＿＿＿

4) 購物＿＿＿：＿＿＿＿＿   5) 強化＿＿＿：＿＿＿＿＿   6) 遊學＿＿＿：＿＿＿＿＿

7) 學習＿＿＿：＿＿＿＿＿   8) 聽力＿＿＿：＿＿＿＿＿   9) 名牌＿＿＿：＿＿＿＿＿

4 翻譯

1) 媽媽把我拍的照片掛在了客廳的牆上。

2) When I come across new words, I always write them down in my vocabulary book.

3) 在短訓班學習的過程中，我的聽、説、讀、寫四項技能都得到了相當大的提高。

4) I have cultivated some good study habits during my study at the summer course in Beijing.

5) 只要我繼續練下去，我的毛筆字一定會寫得越來越好。

6) I believe that as long as I persevere, my Chinese will improve further.

7) 北京的遊學計劃由漢語課、文化課和體育課三個部分組成。

8) Most Chinese words consist of two or more characters.

5 組詞並寫出意思

1) zhí  得

2) zào  句

3) jiǎng  課

4) fān  譯

5) jiāo  野

6) mín  族

7) yuán 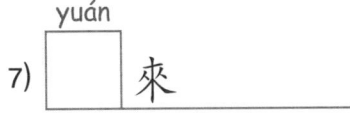 來

8) shōu  穫

9) fā  現

10) píng 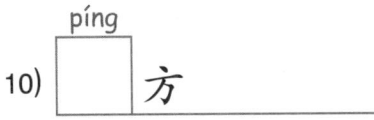 方

11) hé 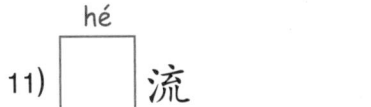 流

12) hú 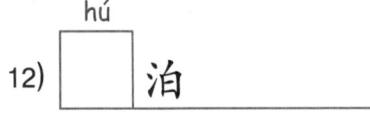 泊

13) zá 技

14) wén 字

15) lì 如

93

6 造句

1) 逼　認識　重要性：

2) 全稱　共和國　成立：

3) 週末　安排　品嘗：

4) 讀音　表示　聲調：

5) 體會　養成　習慣：

6) 方面　詞彙量　增加：

7 閱讀理解

今年聖誕節假期，我跟家人去吉林長白山玩了六天。

這是我第一次去東北。那裏的景色十分特別：在白色的冰雪天地裏有小木屋、木圍欄、松樹，美極了！

在長白山的六天，我們遊覽了長白大瀑布、溫泉、小天池。我們在滑雪區滑了雪，騎着雪地摩托車在雪地上奔馳。我們還在賓館泡了露天溫泉。

長白山的飲食也很獨特，是典型的東北風味。我們吃了燉菜和涼拌菜，還品嘗了一些朝鮮族的佳餚——辣白菜、打糕等。

這次東北之行我們都玩得非常開心。回來之前我父母還買了人參、木耳、長白木畫等特產。

A 判斷正誤

☐ 1) 他以前去過長白山。

☐ 2) 除了滑雪，他們還騎了雪地摩托車。

☐ 3) 他們住的酒店可以泡溫泉。

☐ 4) 他們在東北品嘗了人參燉木耳。

B 回答問題

1) 他們在長白山做了哪些活動？

2) 他們在長白山吃了什麼特色美食？

3) 他父母買了什麼紀念品？

香港人説粵語。粵語裏一些字的發音跟漢語中禁忌語的發音很接近。瞭解一些粵語和中國文化可以避免尷尬的局面。

在香港，如果送病人花，千萬別送"劍蘭"，因為它與"見難"的發音相似。如果送商人花，絕對不能送"茉莉"，因為與"末利"的發音相似。"梅花"的"梅"與"倒霉"的"霉"字同音，所以不能送友人梅花。

香港人對數字也很講究。他們喜歡"八"，因為它與"發財"的"發"字諧音。香港人的車牌、門牌、電話號碼等都喜歡用"八"字。香港人非常忌諱"四"，因為"四"與"死"的發音相近。在香港、廣東一帶，送禮忌諱送四個，醫院裏沒有"四號"病房，公共汽車沒有"四路"，汽車牌也不用"四"字。粵語裏"三"諧"生"，"九"諧"久"，因此"三"和"九"都是很受歡迎的數字。

A 寫意思

1) 千萬：_____

2) 相似：_____

3) 倒霉：_____

4) 發財：_____

B 配對

☐ 1) 粵語裏一些字的發音和

☐ 2) 香港人不會

☐ 3) 香港、廣東一帶的

☐ 4) "三"、"八"和"九"這三個數字

a) 很受香港人歡迎。

b) 漢語中禁忌語的發音很像。

c) 人們非常忌諱。

d) 送商人茉莉花。

e) 公共設施上很少用"四"字。

f) 把"八"字放在車牌上。

9 寫短文

給國外的朋友寫一封電郵，介紹你參加過的中國文化活動。你要寫：

• 你是什麼時候、在哪裏參加活動的

• 你做了什麼

• 你有什麼感想和收穫

第七課　中國美食

課文 1

1 完成句子

1) 中式早餐有_____、_____、_____、_____、_____等等。

2) 西式早餐有_____、_____、_____、_____等等。

3) 煎餅果子是在一張又圓又薄的麵餅上放上雞蛋，抹上_____
_____

4) 西方人早餐吃烤麵包，上面抹_____

5) 我們家早飯以_____

6) 早飯我一般喝_____

7) 在學校，我午飯一般吃_____

8) 我們家晚飯一般吃_____

2 想一想，寫一寫

做菜的方法：

煎　烤　煮
炸　蒸　炒

1) 魚：可以炸着吃_____

2) 蝦：_____

3) 牛肉：_____

4) 雞蛋：_____

5) 青菜：_____

6) 麵條：_____

3 做一做，寫一寫

火腿奶酪三明治的做法

1) 把生菜洗乾淨，切^{qiē}成條。

2) 把西紅柿洗乾淨，切成片。

3) 在麵包上放火腿、奶酪、西紅柿和生菜。

4) 放上一片麵包。

5) 最後用刀將三明治切開。

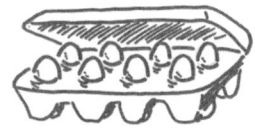

小任務 為自己做早餐，然後把過程寫下來。

4 根據實際情況回答問題

1) 你們家早飯以中餐為主還是以西餐為主？

2) 你們家早飯一般吃什麼？

3) 你今天早飯吃了什麼？喝了什麼？

4) 吃烤麵包時，你喜歡在上面抹什麼？

5) 你喝過豆漿嗎？你覺得好喝嗎？

6) 你吃過煎餅果子嗎？你覺得好吃嗎？

5 為量詞配名詞

1) 瓶：＿＿＿＿＿＿＿＿＿＿ 4) 塊：＿＿＿＿＿＿＿＿＿＿

2) 條：＿＿＿＿＿＿＿＿＿＿ 5) 家：＿＿＿＿＿＿＿＿＿＿

3) 件：＿＿＿＿＿＿＿＿＿＿ 6) 個：＿＿＿＿＿＿＿＿＿＿

做早餐需要的食材

1) 上海燒賣：麵皮、豬肉、糯米、小葱、薑末

2) 葱油拌麵：麵條、葱油、醬油、香油、糖、胡椒粉

3) 鮮肉腸粉：腸粉、豬肉、香菇、胡蘿蔔、小葱

4) 鮮香奶黃包：麵粉、牛奶、雞蛋

5) 韭菜盒子：麵粉、雞蛋、韭菜、蝦皮

6) 白蘿蔔蒸餃：餃子皮、白蘿蔔、豬肉、大蒜

7) 八寶粥：大米、糯米、花生、黑米、紅豆、綠豆

8) 土豆餅：土豆、胡蘿蔔、洋葱、醃肉、雞蛋、胡椒粉

9) 炒米粉：米粉、肉絲、青椒、豆芽、醬油、鹽、胡椒粉

A 選出四個正確的句子

☐ 1) 上海燒賣裏有豬肉。

☐ 2) 韭菜盒子裏沒有肉，但是有蝦皮。

☐ 3) 八寶粥裏有多種米和豆。

☐ 4) 只有炒米粉裏有醬油。

☐ 5) 兩種早點裏有胡蘿蔔。

☐ 6) 三種早點裏有洋葱。

B 回答問題

1) 哪些早餐裏沒有肉？

2) 哪些早餐裏有蔬菜？

3) 如果想吃雞蛋，可以吃哪種早餐？

7 填空

1) 用麵粉做的食物：＿＿＿＿＿＿ ＿＿＿＿＿＿ ＿＿＿＿＿＿ ＿＿＿＿＿＿

2) 用豬肉做的菜：＿＿＿＿＿＿ ＿＿＿＿＿＿ ＿＿＿＿＿＿

3) 用魚做的菜：＿＿＿＿＿＿ ＿＿＿＿＿＿ ＿＿＿＿＿＿

4) 油炸的食物：＿＿＿＿＿＿ ＿＿＿＿＿＿ ＿＿＿＿＿＿

8 閱讀理解

早餐是一日三餐中最重要的一餐。如果不吃早飯，大腦會"告訴"我們午飯和晚飯要多吃一點兒。如果長期這樣，容易得肥胖症、高血壓、高血脂等疾病。

要想讓大腦正常工作，體內的血糖一定要保持在正常水平。如果不吃早飯，血糖會下降，注意力很難集中，記憶力和閱讀能力都會下降，思維和反應也會慢下來，會影響學習和工作。

那麼應該吃什麼樣的早餐呢？營養專家認為早餐應該含有碳水化合物、蛋白質、鈣等豐富的營養，例如麵包、雞蛋、水果、牛奶就是一頓營養、健康的早餐。它能為腦細胞提供足夠的能量，滿足學習和工作的需要。

因此，早餐一定要吃，而且要吃得健康。

A 寫意思

1) 長期：＿＿＿＿　　5) 下降：＿＿＿＿

2) 疾病：＿＿＿＿　　6) 營養：＿＿＿＿

3) 正常：＿＿＿＿　　7) 足夠：＿＿＿＿

4) 保持：＿＿＿＿　　8) 滿足：＿＿＿＿

B 配對

☐ 1) 只有體內的血糖水平正常，

☐ 2) 如果不吃早飯，

☐ 3) 健康的早餐應該含有

☐ 4) 我們不僅要吃早餐，

　　a) 就不能學習。

　　b) 大腦才能正常工作。

　　c) 而且要吃健康的早餐。

　　d) 麵包、雞蛋、水果和酸奶。

　　e) 碳水化合物、蛋白質、鈣等營養。

　　f) 血糖會下降，注意力很難集中。

C 回答問題

1) 如果長期不吃早餐，可能會得什麼病？

2) 不吃早餐會對學習和工作有什麼影響？

9 造句

1) 早餐　以……為主：

2) 烤麵包　抹：

3) 煎蛋　吃起來：

4) 飲食習慣　不同：

10 閱讀理解

　　早餐為我們提供一天中三分之一的能量和營養，使我們能正常地學習、工作。營養豐富的早餐對身體健康非常重要。那麼什麼是不健康的早餐呢？讓我們來聽聽專家的觀點吧！

專家 1：很多人早餐喜歡吃巧克力鬆餅、牛角包。這些食品很油、很甜，經常吃容易發胖。

專家 2：雞蛋中含有豐富的蛋白質、維生素和礦物質，營養十分全面。早餐吃雞蛋時最好吃煮雞蛋，煎蛋和炒雞蛋都太油了。

專家 3：早餐應該少吃香腸、醃肉等加工過的肉類食品，因為這些肉食中的油和鹽比較多。

專家 4：很多人早餐喜歡喝果汁。其實很多果汁都加了糖，所以喝果汁不如吃新鮮的水果。

A 配對

- ☐ 1) 早餐經常吃牛角包的人
- ☐ 2) 巧克力鬆餅很油，
- ☐ 3) 雞蛋含有豐富的營養，
- ☐ 4) 香腸和醃肉中有較多的油和鹽，

a) 不適合作早餐。

b) 提供一天需要的能量。

c) 容易發胖。

d) 煮雞蛋的營養不夠全面。

e) 也太甜，不是健康的早餐。

f) 但是早餐吃煎蛋不太健康。

B 回答問題

1) 為什麼健康的早餐很重要？

2) 為什麼喝果汁不如吃新鮮的水果？

11 完成句子

1) 煎餅果子吃起來甜甜的、辣辣的，裏面的油條還脆脆的。

2) 王老師給我們介紹了"暑假漢語夏令營"。這個計劃包括兩個部分：

_____，聽起來_____

3) 我和媽媽今天去逛街了。在商場，我們看中了一件衣服和一雙鞋。那

件衣服_____

12 看圖寫短文

李天樂　　姥爺　　姥姥

你可以用

a) 暑假李天樂去了北方的姥姥姥爺家。

b) 姥姥家早上吃油條、饅頭或者煎餅果子。

c) 天樂習慣吃西式早餐。在家時，他常常吃烤麵包抹黃油或者果醬。

d) 姥姥家沒有烤麵包機，也沒有果醬和黃油。

e) 他跟姥姥去超市買東西。

13 用所給詞語填空

> 花樣　　口味　　主食　　麵食　　米食　　燒法　　食物　　説法

1) 在口味方面，概括起來有"南甜北鹹，東鮮西酸"的＿＿＿＿＿。

2) 南方人喜歡吃米飯。很多南方人一日三餐都離不開＿＿＿＿＿。

3) 北方人常吃的＿＿＿＿＿有餃子、包子、大餅、麵條等。

4) 在＿＿＿＿＿方面，有"南米北麵"的説法。

5) 中國飲食＿＿＿＿＿繁多，味道鮮美。

6) 北方人愛吃鹹的，＿＿＿＿＿比較重，做菜時喜歡放醬油。

7) 中國人習慣＿＿＿＿＿做熟了再吃。

8) 中國菜常用的＿＿＿＿＿有煎、炒、蒸、炸、煮等。

14 做一做，寫一寫

涼拌黃瓜的做法
liáng bàn

1) 把黃瓜洗乾淨。去皮、去頭尾，切成片。放少量鹽，醃三十分鐘。
yān

2) 把醃好的黃瓜中的水擠掉。
jǐ

3) 把黃瓜放在盤子裏。加少量白糖、醋、醬油和香油。

瘦肉粥的做法

1) 把大米洗乾淨，加水浸泡半個小時。
jìn pào

2) 把瘦肉洗乾淨，切成片。用鹽、酒、薑絲、葱花、澱粉醃半個小時。
jiāng sī　*diàn fěn*

3) 把米放進鍋裏，用小火煮。放入肉片，繼續煮大約五分鐘。
guō

4) 放入胡椒粉和葱花。

小任務　動手做一做，然後嘗一嘗味道怎麼樣。再做一個菜，然後寫下做菜的過程。

15 閱讀理解

中國是大豆的故鄉(gù xiāng)。早在兩千多年前，人們就開始做豆腐了。豆腐後來流傳(liú chuán)到了日本、韓國、新加坡等地，被稱為中國的"國菜"。

豆腐是用黃豆、綠豆、白豆、豌豆(wān dòu)等豆類做的。豆腐分軟豆腐（也叫南豆腐）和硬豆腐（也叫北豆腐）。除此之外，還有豆腐花、豆腐乾、豆腐皮、腐竹(fǔ zhú)等多種豆製品。

豆腐很便宜，但是營養十分豐富，含蛋白質、脂肪(zhī fáng)、碳水化合物、纖維(xiān wéi)和鈣質。兩千多年來，中國人用拌、燒、燉(dùn)、煮、蒸、炒、煎、炸等烹飪(pēng rèn)方法，把豆腐做成各種風味的菜。豆腐在中國人的飲食中佔有非常重要的地位(dì wèi)。

如今，素食者(sù shí zhě)越來越多，關注(guān zhù)飲食健康的人也越來越多。又有營養又健康的綠色食品——豆腐，將大有作為(dà yǒu zuò wéi)。

A 寫意思

1) 故鄉：＿＿＿＿ 4) 地位：＿＿＿＿

2) 流傳：＿＿＿＿ 5) 關注：＿＿＿＿

3) 烹飪：＿＿＿＿ 6) 作為：＿＿＿＿

B 配對

☐ 1) 豆腐又有營養又健康，

☐ 2) 豆腐是從中國

☐ 3) 豆腐可以煮着吃，

☐ 4) 現在，關注健康和吃素的人更多了，

a) 豆腐會越來越受歡迎。

b) 綠色食品都是用黃豆做的。

c) 也可以炸着吃。

d) 做出各種風味的菜。

e) 慢慢地流傳到其他國家的。

f) 而且還很便宜。

C 回答問題

1) 中國人是從什麼時候開始做豆腐的？

2) 為什麼豆腐在中國人的飲食中佔有非常重要的地位？

16 填表

中式早餐	西式早餐	水果	蔬菜	奶製品	豆製品
•	•	•	•	•	•
•	•	•	•	•	•
•	•	•	•	•	•
•	•	•			
•	•	•			

17 寫反義詞

1) 甜→＿＿＿＿   2) 慢→＿＿＿＿   3) 軟→＿＿＿＿   4) 古老→＿＿＿＿

5) 胖→＿＿＿＿   6) 壞→＿＿＿＿   7) 高→＿＿＿＿   8) 容易→＿＿＿＿

9) 新→＿＿＿＿   10) 生→＿＿＿＿   11) 乾淨→＿＿＿＿   12) 暖和→＿＿＿＿

18 造句

① 強調　俱全：

④ 燒法　講究：

② 花樣繁多　鮮美：

⑤ 南方人　離不開：

③ 概括起來　說法：

⑥ 簡單地說　口味：

19 閱讀理解

怎麼做炒麵

原料：

麵條	兩百克
洋蔥	一個
火腿	兩片
蔥	三根

佐料：

植物油	兩湯匙
醬油	一湯匙
香油	一茶匙
鹽	1/4 茶匙

做法：

1) 在鍋裏放四碗水。水燒開後放入麵條，煮大約十分鐘。把煮熟的麵條撈起。

2) 把洋蔥、火腿切成條。把蔥切成小段。

3) 在鍋裏放兩湯匙植物油。油燒熱後放洋蔥，洋蔥炒出香味後加入火腿。放 1/4 茶匙鹽，再炒幾下。

4) 把煮熟的麵條放進鍋裏，跟洋蔥、火腿一起炒。最後加醬油、蔥花和香油。

A 選出四個正確的句子

☐ 1) 做炒麵要用四種原料。
☐ 2) 做炒麵要用四種佐料。
☐ 3) 煮麵時要放一些鹽。
☐ 4) 洋蔥和火腿都要切成片。
☐ 5) 麵條要先煮熟了再炒。
☐ 6) 炒麵以前先要炒洋蔥。

B 回答問題

1) 做炒麵除了用植物油以外，還要放什麼佐料？

2) 什麼時候炒火腿？

3) 炒麵出鍋前要放什麼？

20 填名詞

1) 烤_____ 2) 炸_____ 3) 煎_____ 4) 蒸_____

5) 炒_____ 6) 切_____ 7) 洗_____ 8) 做_____

9) 說_____ 10) 教_____ 11) 抄_____ 12) 背_____

中餐和西餐在餐桌禮儀 (cān zhuō lǐ yí) 方面有很多不同之處。主要表現 (biǎo xiàn) 在以下幾個方面：

一、**餐桌形狀 (xíng zhuàng) 與用餐方式 (fāng shì)**：吃中餐時人們圍坐在圓桌旁。各種菜放在圓桌中間的轉盤 (zhuàn pán) 上，大家用公筷或勺子 (sháo zi) 把菜放在自己盤子裏吃。吃西餐時人們坐在長方形 (cháng fāng xíng) 的餐桌旁，分餐進食 (fēn cān jìn shí)。人們把桌上的主食、配菜 (pèi cài) 放在自己盤子裏吃。

二、**上菜順序 (shùn xù)**：中餐（以廣東菜為例 (wéi lì)）的第一道 (dào) 菜是湯，然後是冷盤 (lěng pán)、熱炒 (rè chǎo)，之後是主食，最後是水果、甜品。西餐先上前菜和湯，然後上主食，最後吃甜點、喝咖啡或茶。

三、**餐具 (cān jù)**：中餐用盤子、碗、筷子。西餐用刀、叉子、盤子。西餐的刀還分魚刀、肉刀、奶油刀等。

四、**餐桌氣氛**：吃中餐時比較熱鬧，人們互相讓菜 (ràng cài)、敬酒 (jìng jiǔ)，說話聲比較大。吃西餐時比較安靜 (ān jìng)，人們交談 (jiāo tán) 的聲音 (shēng yīn) 比較小。

A 寫意思

1) 表現：＿＿＿＿

2) 形狀：＿＿＿＿

3) 方式：＿＿＿＿

4) 順序：＿＿＿＿

5) 冷盤：＿＿＿＿

6) 熱炒：＿＿＿＿

7) 餐具：＿＿＿＿

8) 安靜：＿＿＿＿

B 配對

☐ 1) 廣東人先喝湯，

☐ 2) 西餐吃完主食後

☐ 3) 中國人吃飯用筷子，

☐ 4) 中國人喜歡熱熱鬧鬧地吃飯，

a) 再上前菜和湯。

b) 然後吃冷盤、熱炒。

c) 說話聲音比較小。

d) 再吃甜品、喝茶或咖啡。

e) 會互相敬酒、讓菜。

f) 西方人用刀和叉子。

C 回答問題

1) 中西餐的用餐方式有什麼不同？

2) 廣東菜的湯什麼時候上？西餐呢？

22 閱讀理解

中國的傳統早餐豐富多樣，有各種麵食、粥、雞蛋、豆製品等。南方人早上常吃生煎包、餛飩、白粥、小米粥、南瓜粥、皮蛋瘦肉粥等各種粥。在北方，包子、饅頭、煎餅果子、油條、大餅、豆漿、豆腐腦都是很受歡迎的早餐。

現在中國人的生活節奏加快了，飲食西化了，早餐也有很大的變化(biàn huà)。雖然傳統的中式早餐還是受很多中國人的喜愛，但是很多西式早餐，比如吐司(tǔ sī)麵包、酸奶、煎蛋、麥片(mài piàn)、香腸、醃肉(yān)、火腿等越來越受歡迎。西式早餐不僅做起來方便、吃起來好吃，而且營養也很豐富。

其實，不論中式還是西式早餐，只要有足夠的碳水化合物、豐富的蛋白質、維生素和礦物質就是健康的早餐。

A 選出四個正確的句子

☐ 1) 中國的傳統早餐除了麵食、米食以外，還有豆製品。

☐ 2) 南方的早餐跟北方的不同。

☐ 3) 小米粥和南瓜粥是南方人常吃的早餐。

☐ 4) 北方的早餐以麵食和豆製品為主。

☐ 5) 西式早餐做起來更麻煩。

☐ 6) 西式早餐以蛋和肉為主，沒有麵食。

B 回答問題

1) 現在中國人的生活節奏加快了，在飲食方面有什麼變化？

2) 什麼是營養豐富、健康的早餐？

C 寫短文

給你在中國的網友寫電郵，介紹一下你們國家的飲食。你要寫：

· 人們喜歡什麼主食

· 人們喜歡哪些肉類、蔬菜

· 人們喜歡怎樣燒菜

· 人們喜歡吃什麼口味的菜

木蘭從軍

古時候，有一個女子叫花木蘭。木蘭又善良又能幹。她很喜歡騎馬射箭，有一身好武藝。木蘭的爸爸年紀大了，弟弟還小，所以家裏的活兒都是她幹。

有一年，邊疆要打仗了。每家每戶都要派人去當兵打仗。木蘭不忍心讓年老的父親去當兵，弟弟又太小了。想來想去，木蘭決定女扮男裝替父從軍。

在從軍的十二年裏，木蘭靠自己的毅力、耐性和一身好武藝，克服了許多困難，立了多次戰功，成為了軍中不可缺少的大將。打完仗後，幾個士兵陪木蘭回家。回到家裏，木蘭脫下戰袍，換上女裝，梳好頭髮。她從房間裏走出來時，士兵們簡直不敢相信自己的眼睛。他們怎麼也沒有想到，跟他們一起出生入死十二年的戰友花木蘭原來是一位漂亮的女子。

生詞

1. cóng jūn 從軍 join the army
2. huā mù lán 花木蘭 Hua Mulan
3. néng gàn 能幹 capable
4. shè jiàn 射箭 archery
5. wǔ yì 武藝 kung fu skill
6. nián jì 年紀 age
7. biān jiāng 邊疆 border area
8. dǎ zhàng 打仗 go into battle
9. hù 戶 household
10. pài 派 send
11. dāng bīng 當兵 be a soldier
12. rěn xīn 忍心 be hardhearted to
13. tì 替 take the place of
14. yì lì 毅力 willpower
15. nài xìng 耐性 patience
16. kè fú 克服 overcome
17. lì zhàn gōng 立戰功 distinguish oneself on the battlefield
18. quē shǎo 缺少 be short of
19. dà jiàng 大將 high-ranking officer
20. shì bīng 士兵 soldier
21. péi 陪 accompany
22. tuō 脫 take off
23. zhàn páo 戰袍 robes of ancient soldiers
24. shū 梳 comb
25. jiǎn zhí 簡直 simply
26. gǎn 敢 dare
27. chū shēng rù sǐ 出生入死 go through fire and water
28. zhàn yǒu 戰友 comrade-in-arms

A 配對

□ 1) 木蘭是一個

□ 2) 木蘭是一個勤勞的女子，

□ 3) 木蘭決定替父親去打仗，因為

□ 4) 木蘭在軍中

□ 5) 木蘭回家之前，

a) 有毅力但沒耐心的女子。

b) 士兵們不知道她是女子。

c) 父親和弟弟的年紀都不適合當兵。

d) 一直是一個普通的軍人。

e) 做了十二年的大將。

f) 立過很多戰功，還當上了大將。

g) 聰明善良、武藝高強的女子。

h) 她在家裏什麼活兒都幹。

B 填空

1) ＿＿馬　　　2) ＿＿箭　　　3) ＿＿兵　　　4) ＿＿活兒

5) ＿＿戰功　　6) ＿＿戰袍　　7) ＿＿女裝　　8) ＿＿頭髮

C 寫拼音及意思

① { 射：＿＿＿＿　謝：＿＿＿＿ }　② { 箭：＿＿＿＿　煎：＿＿＿＿ }　③ { 戰：＿＿＿＿　彈：＿＿＿＿ }　④ { 脫：＿＿＿＿　說：＿＿＿＿ }

24 讀成語，配對

□ 1) 迫不及待 (pò bù jí dài)

□ 2) 馬馬虎虎 (mǎ mǎ hū hū)

□ 3) 悶悶不樂 (mèn mèn bú lè)

□ 4) 津津有味 (jīn jīn yǒu wèi)

□ 5) 流連忘返 (liú lián wàng fǎn)

a) 形容心事放不下，心裏不快活。(xīn shì)

b) 十分留戀，忘了回去。(liú liàn)

c) 形容心情急切。(jí qiè)

d) 形容做事不認真，不仔細。(zǐ xì)

e) 形容興味很濃。(xìng wèi nóng)

第八課　飲食與健康

課文 1

1 用所給詞語填空

> 飲食　身體　能量　精力　食物　奶製品　營養　蛋白質

1) 青少年在_____方面要注意什麼？

2) 青少年正在長身體，需要足夠的_____和營養。

3) 合理的飲食就是要吃營養豐富、均衡的_____。

4) 魚、蝦、肉、蛋等_____豐富的食物能保證身體獲得充足的能量。

5) 青少年最好每天都吃_____、豆製品等高鈣食品。

6) 不吃早餐對_____健康非常不利。

7) 青少年不僅要吃早飯，而且要吃_____豐富的早餐。

8) 只有吃好早餐，同學們上課時才能集中_____學習。

2 造句

① 只有……，才……　集中：

④ 注意　飲食：

② 對……不利　健康：

⑤ 最好　食品：

③ 保證　充足：

⑥ 豐富　均衡：

3 閱讀理解

早 餐

套餐1：叉燒腸粉　　　　¥35.00

　　　　雞蛋炒米粉

套餐2：皮蛋瘦肉粥　　　　¥28.00

　　　　菜肉包子

套餐3：煎餃　　　　　　　¥27.00

　　　　白粥

　　　　煎紅豆糕

套餐4：<ruby>醃肉洋葱薯仔<rt>yān ròu　shǔ zǎi</rt></ruby>　　¥32.00

　　　　麥片粥

　　　　牛角包

套餐5：生煎包　　　　　　¥30.00

　　　　<ruby>通心粉<rt>tōng xīn fěn</rt></ruby>

　　　　煎蛋

A 選出四個正確的句子

☐ 1) 套餐1裏有肉和雞蛋。

☐ 2) 套餐2的包子裏沒有肉。

☐ 3) 套餐2是中式早餐。

☐ 4) 套餐3最便宜。

☐ 5) 套餐4是西式早餐。

☐ 6) 套餐5是意大利風味的早餐。

B 回答問題

1) 如果想吃中式早餐，可以選哪幾個套餐？

2) 如果想吃麵食，可以選哪幾個套餐？

4 回答問題

1) 青少年在飲食方面要注意些什麼？

2) 怎樣才是合理的飲食？

3) 為什麼不吃早飯對身體健康非常不利？

4) 你覺得你的一日三餐營養豐富、合理嗎？為什麼？

豆漿含有豐富的蛋白質以及人體所需的鈣、磷、鐵等礦物質。它的營養價值跟牛奶很接近,蛋白質含量高達2.6%,比牛奶還要高。豆漿因此被稱為"綠色牛奶"。經常喝豆漿能預防高血壓、冠心病、糖尿病等疾病,還能增強免疫力、美容養顏。

豆漿不僅營養豐富,而且口味獨特。豆漿有紅棗、芝麻、核桃、花生等多種口味,深受人們喜愛。

豆漿很適合與麵包、饅頭、包子等麵食一起吃。但是豆漿不能跟雞蛋一起吃,因為雞蛋中的蛋清會與豆漿裏的胰蛋白酶結合,產生不易被人體吸收的物質。

A 配對

☐ 1) 豆漿含有豐富的蛋白質以及

☐ 2) 豆漿被稱為"綠色牛奶",

☐ 3) 豆漿有多種口味,

☐ 4) 因為豆漿營養豐富、口味獨特,

a) 最受歡迎的飲料之一。

b) 多種礦物質。

c) 得了冠心病的人不能喝。

d) 如紅棗豆漿、花生豆漿等等。

e) 它的營養價值和牛奶很接近。

f) 所以很多人都喜歡喝。

B 回答問題

1) 豆漿中含有哪些礦物質?

2) 豆漿適合跟哪些食物一起吃?

6 組詞並寫出意思

1) 集中_____ : _____

2) 發表_____ : _____

3) 申請_____ : _____

4) 影響_____ : _____

5) 遇到_____ : _____

6) 品嘗_____ : _____

7) 遊覽_____ : _____

8) 提高_____ : _____

7 寫意思

① ⎰ 注意：_____
⎱ 樂意：_____
⎱ 意思：_____

② ⎰ 充足：_____
⎱ 足夠：_____
⎱ 足量：_____

③ ⎰ 精力：_____
⎱ 努力：_____
⎱ 能力：_____

8 閱讀理解

《中國青年報》對本市 1000 名中學生做了一個關於吃早餐習慣的調(diào)查(chá)。調查發現，有 57.3% 的學生常在外面吃早餐。其中在路邊早餐攤(tān)買早餐，邊走邊吃的佔 14.8%，在公交車上吃早餐的佔 5.8%。

這兩種吃早餐的方式都很不健康。首先，街邊早餐攤衛生(wèi shēng)條件沒有保證(bǎo zhèng)。早餐攤一般在馬路邊，灰塵(huī chén)和汽車尾氣(wěi qì)對食品的製作(zhì zuò)有很大影響。早餐攤用的食材(shí cái)、餐具(cān jù)也沒有衛生保證。其次，邊走邊吃會影響消化(xiāo huà)，對健康不利。第三，在公交車上吃早餐既不健康也不安全。車的扶手(fú shǒu)上有很多病菌(bìng jūn)。如果遇到急剎車(jí shā chē)，很可能發生意外(yì wài)。

本市的很多學校都注意到了學生吃早餐的問題，建議家長注重(zhù zhòng)孩子的早餐，保證孩子在學校有充足的精力學習。

A 選擇

1)《中國青年報》做了一個關於_____的調查。

   a) 吃早餐重要性

   b) 吃早餐時間

   c) 吃早餐習慣

2) 有些學生_____。

   a) 在街邊早餐攤買早餐

   b) 自備做早餐的食材

   c) 自帶餐具去早餐攤

B 回答問題

1) 一千名中學生中有多少學生常在外面吃早餐？

2) 為什麼街邊早餐攤的早餐不衛生？

3) 為什麼邊走邊吃早餐對健康不利？

以前上班族去小吃攤、早餐店、快餐店、糕餅店買早餐，現在他們可以去便利店買早餐了。

雖然便利店加入早餐行業（jiā rù háng yè）的時間還很短，但是他們想出了各種方法為市民（shì mín）提供方便。昨天早上八點，記者探訪（jì zhě tàn fǎng）了位於南京西路的一家 7-11 便利店。記者看到在便利店裏，中式的餡餅（xiàn bǐng）、粥、油條、包子、饅頭，西式的三明治，日式的飯團（fàn tuán），各式飲料，應有盡有（yīng yǒu jìn yǒu）。市民王女士告訴記者，7-11 便利店早餐的品種豐富，而且每隔（gé）一段時間就有新產品上架（chǎn pǐn shàng jià），讓她非常期待（qī dài）。

便利店能為市民提供既新鮮又健康的早餐，對便利店的生意以及市民的健康都有很大的好處。

A 配對

☐ 1) 除了便利店，

☐ 2) 便利店最近

☐ 3) 便利店賣的早餐各種各樣，

☐ 4) 便利店提供早餐對

a) 你想買的東西便利店不一定有。

b) 其他地方也賣早餐。

c) 有中式早餐、西式早餐、日式早餐等等。

d) 才加入早餐行業。

e) 便利店的生意和市民的健康有很大好處。

f) 新口味不受喜愛。

B 回答問題

為什麼便利店的早餐很受歡迎？

10 找相關詞語填空

1) 快餐：＿＿＿＿ ＿＿＿＿ ＿＿＿＿

2) 中餐：＿＿＿＿ ＿＿＿＿ ＿＿＿＿

3) 飲料：＿＿＿＿ ＿＿＿＿ ＿＿＿＿

4) 零食：＿＿＿＿ ＿＿＿＿ ＿＿＿＿

5) 肉類：＿＿＿＿ ＿＿＿＿ ＿＿＿＿

6) 蔬菜：＿＿＿＿ ＿＿＿＿ ＿＿＿＿

7) 豆製品：＿＿＿＿ ＿＿＿＿ ＿＿＿＿

8) 奶製品：＿＿＿＿ ＿＿＿＿ ＿＿＿＿

11 完成句子

1) 青少年正在長身體。他們_____

2) 合理的飲食就是要_____

3) 青少年最好每天都_____

4) 人們常說："早吃好，午吃飽，晚吃少"。青少年_____

_____

12 看圖寫短文

你可以用

a) 如果不吃早餐，上課時不能集中精力。

b) 有的同學晚上睡得很晚，早上起得很晚，沒有時間吃早飯。

c) 有的同學家離學校非常遠，每天要很早出門，不能在家吃早餐。

d) 早餐十分重要。不吃早餐對身體健康非常不利。

e) 青少年不但要吃早餐，而且要吃健康、有營養的早餐。

13 用所給詞語填空

想　吃　含　屬於　按照　提到　使　包括

1) ＿＿＿＿＿飲食與健康，很多人會想到食物金字塔。

2) ＿＿＿＿＿食物金字塔，人們每天吃的食物主要分四大類。

3) 第一類是主食，＿＿＿＿＿米飯、麵食、玉米、土豆等。

4) 穀類食物主要＿＿＿＿＿碳水化合物。

5) 主要含蛋白質和脂肪的食物不能＿＿＿＿＿太多。

6) 很多快餐和零食都＿＿＿＿＿高油、高糖、高鹽類食品。

7) 吃太多含大量脂肪、糖和鹽的食品會＿＿＿＿＿人發胖。

8) 要是＿＿＿＿＿有健康的身體，除了合理飲食之外，還要多運動。

14 詞語歸類

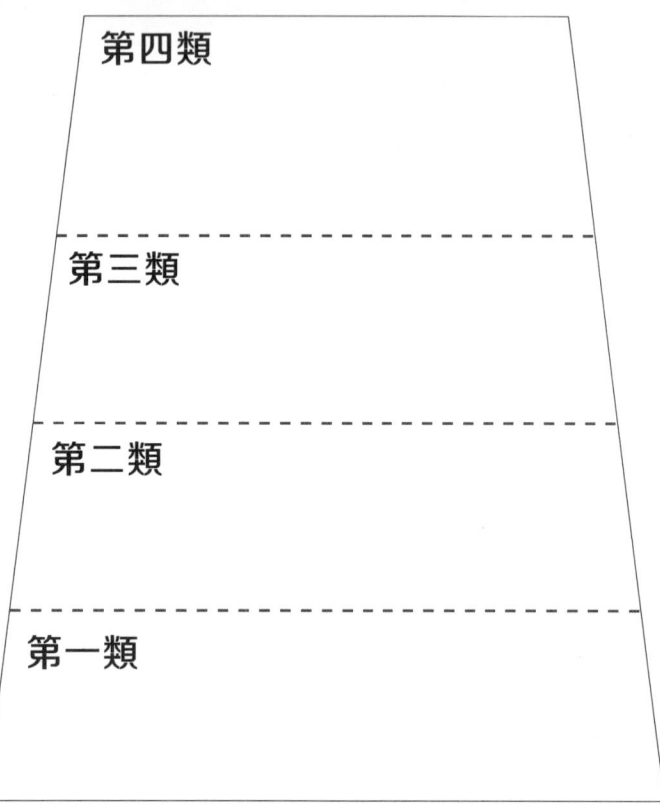

魚	青菜	麵條
蘋果	香蕉	奶酪
餃子	豆腐	玉米
豬肉	蛋糕	草莓
芹菜	米飯	雞蛋
包子	西瓜	饅頭
香腸	土豆	冰淇淋
烤鴨	餛飩	巧克力
糖果	黃瓜	西紅柿
薯條	牛奶	炸雞翅

15 根據實際情況回答問題

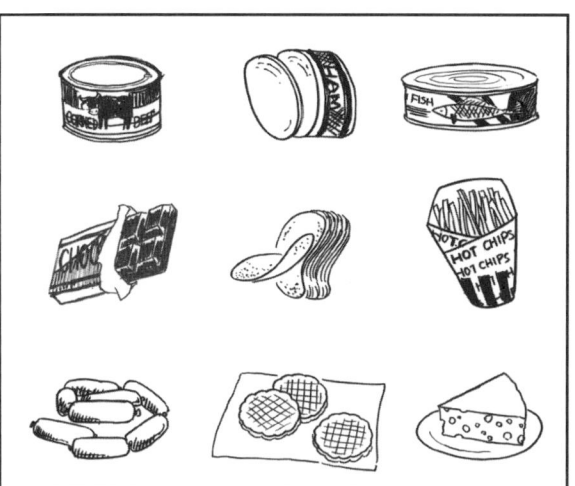

1) 你常吃這些食物嗎？什麼時候吃？

2) 你不常吃哪些食物？為什麼？

16 讀一讀，算一算

男生一天需要的熱量	
10-11 歲	1600-2200 卡路里
12-15 歲	2200-2600 卡路里
16-18 歲	2600-2800 卡路里

女生一天需要的熱量	
10-11 歲	1400-2000 卡路里
12-13 歲	2000 卡路里
14-18 歲	2000-2200 卡路里

A 算一算

你今天吃了什麼？喝了什麼？

1) 早餐：＿＿＿＿＿＿＿＿＿＿

2) 午餐：＿＿＿＿＿＿＿＿＿＿

3) 晚餐：＿＿＿＿＿＿＿＿＿＿

4) 零食：＿＿＿＿＿＿＿＿＿＿

5) 飲料：＿＿＿＿＿＿＿＿＿＿

卡路里總量：＿＿＿＿＿＿＿＿＿＿

B 回答問題

1) 你的飲食中的熱量是不是超出了身體需要的卡路里量？

2) 如果你的飲食中的熱量太多，你會做什麼？

3) 你打算改變你的飲食習慣嗎？怎麼改？

英國人被認為是"不會做飯"的民族，但是他們的早餐一定可以讓你刮目相看。

· **烤吐司**：英式早餐的主食。烤過的麵包片上可以抹黃油、奶油、果醬或蜂蜜。

· **煎蛋**：可以單面煎，也可以雙面煎。可以煎半熟，也可以煎全熟。

· **烤番茄**：將番茄烤熟。酸甜開胃，是英式早餐中的經典。

· **培根**：用小火煎脆。它的口味很重，幾乎可以搭配早餐裏的所有食物。

· **香腸**：一般煎着吃。澱粉含量較高，適合胃口比較大的人。

· **黃豆配番茄汁焗烤**：比較常見的配菜。它酸酸甜甜的味道可以中和培根、香腸的油膩感。

· **烤蘑菇搭配醬汁**：香味和口味十分豐富。

以上這些食物雖然美味，但大多含有高脂肪、高蛋白、高油，想保持體形的人吃這些食物時需要控制自己的胃口。

A 寫意思

1) 開胃：_____
2) 經典：_____
3) 搭配：_____
4) 胃口：_____
5) 油膩：_____
6) 體形：_____

B 配對

□ 1) 烤吐司是英式早餐的主食，
□ 2) 烤西紅柿酸酸的、甜甜的，
□ 3) 煎培根可以跟蘑菇搭配，
□ 4) 英式早餐如果吃太多

a) 上面可以抹黃油、果醬。
b) 也可以跟烤番茄一起吃。
c) 英國人都不會做飯。
d) 是英式早餐中的經典。
e) 不適合胃口大的人。
f) 可能會使人發胖。

C 回答問題

1) 英式早餐中哪些食物蛋白質含量較高？

2) 為什麼吃英式早餐時需要控制胃口？

18 造句

① 提到　想到：

② 按照　分：

③ 屬於　對……不利：

④ 蔬菜　含：

19 閱讀理解

黃瓜的營養價值很豐富。黃瓜含有大量的水、維生素、胡蘿蔔素、蛋白質、鈣、鐵等。黃瓜的尾部還含有苦味素，能幫助消化、預防感冒。

黃瓜含有一種維生素 C 分解酶（jiě méi），會破壞（pò huài）其他蔬菜中的維生素 C。其他食物中的維生素 C 含量越高，被黃瓜中的分解酶破壞得就越嚴重（yán zhòng）。西紅柿、辣椒、苦瓜（kǔ guā）等含有大量的維生素 C。如果這些含有豐富維生素 C 的蔬菜跟黃瓜一起吃，會降低（jiàng dī）人體對維生素 C 的吸收（xī shōu）。

A 配對

☐ 1) 黃瓜有豐富的營養，

☐ 2) 黃瓜的尾部含有苦味素，

☐ 3) 黃瓜中的維生素 C 分解酶

☐ 4) 為了保證人體對維生素 C 的吸收，

a) 會破壞其他食物中的維生素 C。

b) 有蛋白質、鐵、鈣等等。

c) 黃瓜不應跟西紅柿一起吃。

d) 胃口好的人不應該吃。

e) 能助消化、防感冒。

f) 所以要切掉黃瓜的尾部。

B 回答問題

1) 黃瓜含有哪些營養？

2) 黃瓜最好不要跟哪些蔬菜一起吃？

20 寫意思

① {
玉米：_____
玉石：_____
}

② {
屬於：_____
屬相：_____
}

③ {
金字塔：_____
黃金：_____
}

④ {
按照：_____
拍照：_____
}

⑤ {
礦物質：_____
鐵礦：_____
}

⑥ {
維生素：_____
因素：_____
}

21 閱讀理解

蘇州《都市報》記者在蘇州工業園某小學看到六年級的謝平同學寫的"一日三餐日記"。"2月18日早飯：豆漿、包子；午飯：牛肉蔬菜盒飯；晚飯：蒸魚、炒青菜、麻婆豆腐、雞湯。"

這所學校從去年開始要求每個學生記下自己一日三餐吃的食物。為什麼要這麼做呢？原來這所學校有三分之一的學生不吃早飯，有六成的學生吃的食物不健康。學校和家長擔心久而久之會影響學生的正常發育，對健康不利，所以想出了這個方法。

一年下來，有七成的學生已經養成了每天吃早飯的習慣，有八成的學生開始注意自己的飲食結構。學校校長對"一日三餐日記"的效果很滿意。他希望學生們繼續關注飲食健康。

A 選擇

1) 蘇州工業園某小學的學生都要_____。

　a) 吃一樣的早餐

　b) 記下一日三餐吃的食物

　c) 吃中式早餐

2) 以前這所學校的學生_____。

　a) 有 60% 吃的食物不健康

　b) 十分注意飲食健康

　c) 一直寫"一日三餐日記"

B 回答問題

1) 一年下來，學生的飲食習慣有了什麼改變？

2) 校長希望學生們今後怎麼做？

22 閱讀理解

人人都知道健康很重要。均衡的飲食和適當的運動是健康的保證。

我按照健康飲食金字塔的要求來安排一日三餐。我的飲食習慣是：每天早上先喝一杯水，然後吃穀類早餐，喝一杯牛奶或豆漿，再吃一些水果。午飯我吃三明治或蔬菜沙拉。放學後我吃一些零食和水果。晚飯我們家常吃中餐，有三菜一湯。我們有時也吃西餐，例如意大利麵、烤雞、沙拉等。我覺得我的飲食營養比較全面，除了碳水化合物以外，還有豐富的蛋白質、礦物質、維生素等。

_{lā jī}
垃圾食品我吃得很少。因為垃圾食品缺乏營養，含有過多的鹽、糖和油，吃多了會使身體發胖。

除了均衡飲食以外，我還常做運動。我喜歡游泳、踢足球和打橄欖球。我參加了學校的足球隊和游泳隊。運動使我身體健康，心情愉快。

A 判斷正誤

☐ 1) 每個人都知道身體健康的重要性。
☐ 2) 他吃的早餐含碳水化合物、蛋白質和維生素。
☐ 3) 他午飯不吃水果。
☐ 4) 他不是一點兒零食都不吃。
☐ 5) 他們家晚飯總吃西餐。
☐ 6) 他最近變胖了。

B 回答問題

1) 他的一日三餐中含有哪些營養？

2) 他常吃垃圾食品嗎？為什麼？

3) 他喜歡做什麼運動？

C 寫短文

寫日記，説一説你的飲食習慣。你要寫：

· 你一日三餐吃些什麼，常吃什麼零食

· 你的飲食中含有哪些營養

· 為了有健康的身體，你應該注意什麼

121

鄭和下西洋

鄭和是中國歷史上偉大的航海家、世界文明交流的先行者、人類航海史上的傳奇人物。

鄭和1371年生於中國雲南昆明的晉寧縣。從1405年到1433年，鄭和率領龐大的艦隊七次下西洋，開闢了中國與亞非的三十多個國家和地區的海上交通航線。鄭和在第七次下西洋回國途中病逝，享年六十二歲。

鄭和創造了不少中國和世界古代海上航行的歷史之"最"：規模最大、船隻最多、船員最多、範圍最廣、時間最久。鄭和下西洋規模最大時率領了兩百多隻船、兩萬七千多人。他的船隊開闢的主要航線達四十多條。鄭和下西洋比歐洲的探險家們早了很多年：比哥倫布發現美洲新大陸早87年，比達伽馬經過好望角早92年，比麥哲倫環球航行早114年。

生詞

1. zhèng hé 鄭 和 Zheng He, navigator and diplomat of the Ming Dynasty
2. xià 下 go to
3. xī yáng 西洋 seas and lands west of the South China Sea
4. wěi dà 偉大 great
5. háng hǎi jiā 航海家 navigator
6. xiān xíng zhě 先行者 pioneer
7. chuán qí 傳奇 legendary
8. rén wù 人物 figure
9. yún nán 雲南 Yunnan Province
10. kūn míng 昆明 Kunming, capital city of Yunnan Province
11. jìn níng xiàn 晉寧縣 Jinning county
12. shuài lǐng 率領 command
13. páng dà 龐大 enormous
14. jiàn duì 艦隊 fleet
15. kāi pì 開闢 open up
16. háng xiàn 航線 route
17. bìng shì 病逝 die of illness
18. xiǎng nián 享年 die at the age of
19. háng xíng 航行 navigate by water
20. guī mó 規模 scale
21. chuán yuán 船員 seaman
22. fàn wéi 範圍 scope
23. guǎng 廣 extensive
24. dá 達 reach
25. tàn xiǎn jiā 探險家 explorer
26. gē lún bù 哥倫布 Christopher Columbus (1451-1506)
27. xīn dà lù 新大陸 the New World; the Americas
28. dá jiā mǎ 達伽馬 Vasco da Gama (1460-1524)
29. hǎo wàng jiǎo 好望角 Cape of Good Hope
30. mài zhé lún 麥哲倫 Ferdinand Magellan (1480-1521)
31. huán qiú 環球 round the world

A 填表

鄭和	出生時間：		出生地：
去世時間：		享年：	
下西洋的時間：		下西洋的次數：	
下西洋規模最大時率領的船隻數目：			
下西洋規模最大時率領的人數：			
開闢的主要航線數目：			
後人的評價：			

B 配對

☐ 1) 鄭和是
☐ 2) 鄭和率領龐大的船隊
☐ 3) 鄭和下西洋創造了
☐ 4) 鄭和下西洋的時間

a) 航海史上的一個傳奇人物。
b) 比歐洲的探險家早了很多年。
c) 在雲南省昆明的晉寧縣。
d) 很多古代海上航行的歷史之 "最" 。
e) 在回中國的路上。
f) 七次下西洋。
g) 船員總數不到兩萬人。

24 讀成語，配對

☐ 1) 心滿意足 xīn mǎn yì zú
☐ 2) 足不出戶 zú bù chū hù
☐ 3) 開卷有益 kāi juàn yǒu yì
☐ 4) 夜深人靜 yè shēn rén jìng
☐ 5) 開門見山 kāi mén jiàn shān

a) 讀書總有好處。
b) 深夜沒有人的聲音 shēng yīn，非常安靜 ān jìng。
c) 比喻 bǐ yù 說話、寫文章一開始就涉及 shè jí 主題。
d) 形容心裏非常滿足 mǎn zú。
e) 腳不跨 kuà 出家門。

第九課　節日飲食

課文 1

1 用所給詞語填空

> 習慣　飲食　節奏　後果　疾病　現代　植物　垃圾

1) 現代人生活_____快，快餐越來越流行。

2) 經常吃快餐，久而久之會給身體健康帶來什麼_____呢？

3) 青少年應該從小養成良好的飲食_____。

4) 我們應該怎麼預防高血壓、糖尿病等_____疾病呢？

5) 青少年應該少吃薯片、薯條、漢堡包等_____食品。

6) 經常吃高鹽、高糖、高脂肪、高熱量食品容易得現代_____。

7) 多吃蔬菜、水果、瘦肉、魚、_____油對身體有好處。

8) 除了注意_____之外，還要經常做運動。

2 猜一猜，上網查意思

① 內科 _____
② 外科 _____
③ 骨科 _____
④ 兒科 _____
⑤ 五官科 _____
⑥ 耳鼻喉科 _____
⑦ 中醫科 _____
⑧ 口腔科 _____
⑨ 手術室 _____

3 填名詞

1) 預防_____
2) 報考_____
3) 引起_____
4) 養成_____

5) 需要_____
6) 獲得_____
7) 影響_____
8) 集中_____

9) 發表_____
10) 參加_____
11) 安排_____
12) 遊覽_____

4 閱讀理解

護士：老爺爺，您要先去那個 窗口掛
號，拿了號以後再來這邊等。
_{chuāng kǒu guà}
_{hào}

病人：好。

護士：我先給您量一下體溫，38.5
度。您先坐在這裏等一下。

病人：好的。

護士：請您去三號房。

病人：好。

醫生：您發燒了。您覺得哪兒不舒服？

病人：我從昨天開始頭疼、發冷、嗓
子疼、咳嗽，還流鼻涕。
_{liú bí tì}

醫生：請 張開嘴，讓我看一看您的
喉嚨。喉嚨有點兒紅腫，發炎
了。讓我聽一聽您的心和肺。
您得了流感。不要緊，吃點兒
藥，休息幾天就會好的。請問
您的血壓和血糖都正常嗎？
_{zhāng kāi}
_{hóu lóng}
_{hóng zhǒng　fā yán}
_{fèi}
_{liú gǎn}
_{yào jǐn}

病人：我的血壓和血糖都偏高，但我
平時一直吃藥，所以問題不大。
_{piān gāo}

醫生：那就好。您拿這張藥方先去收費
處付費，然後去藥房取藥吧！
_{yào fāng　shōu fèi}
_{chù fù fèi　yào fáng qǔ yào}

A 寫意思

1) 掛號：＿＿＿　　4) 肺：＿＿＿＿

2) 喉嚨：＿＿＿　　5) 流感：＿＿

3) 發炎：＿＿＿　　6) 藥方：＿＿

B 選擇

1) 在醫院，＿＿＿＿。

a) 護士給老爺爺量了血壓

b) 老爺爺先量了體溫，然
後見了醫生

c) 護士給老爺爺看了病、
開了藥

2) 醫生＿＿＿＿。

a) 是在三號房給老爺爺看
病的

b) 覺得老爺爺的病很嚴重

c) 讓老爺爺先去取藥再去
付費

C 回答問題

1) 老爺爺覺得哪兒不舒服？

2) 老爺爺看完醫生以後要去
做什麼？

5 造句

1) 節奏　越來越：

2) 引起　疾病：

3) 習慣　八分飽：

4) 進食　定時：

6 閱讀理解

碳水化合物由碳、氫和氧三種元素組成。碳水化合物含有澱粉和糖，是身體重要物質的組成成分。碳水化合物主要有以下作用：

第一，提供能量。碳水化合物是維持生命活動需要的能量的主要來源。人們吃的米食、麵食中碳水化合物的含量較高。

第二，維持腦細胞的正常功能。葡萄糖是大腦正常運作必需的營養。如果血液中的葡萄糖含量下降，會低血糖、頭暈、心跳加速、出冷汗。

第三，節約蛋白質。如果食物中的碳水化合物不足，就不得不用蛋白質來滿足身體活動的需要。因此，即使想減肥也需要進食一些碳水化合物。

第四，加強腸道功能。碳水化合物含纖維，能預防便秘、直腸癌等疾病。

A 選出四個正確的句子

☐ 1) 人的身體離不開碳水化合物。

☐ 2) 只有米飯含有碳水化合物。

☐ 3) 低血糖時大腦不能正常運作。

☐ 4) 想減肥的人不應該吃主食。

☐ 5) 碳水化合物可以加強腸道功能。

☐ 6) 碳水化合物能預防直腸癌。

B 回答問題

1) 碳水化合物由什麼元素組成？

2) 如果頭暈、心跳加速、出冷汗，可能是什麼原因？

7 寫意思

①
{ 後果：＿＿＿＿＿＿
{ 結果：＿＿＿＿＿＿

②
{ 節奏：＿＿＿＿＿＿
{ 演奏：＿＿＿＿＿＿

③
{ 植物：＿＿＿＿＿＿
{ 植樹：＿＿＿＿＿＿

④
{ 疾病：＿＿＿＿＿＿
{ 病症：＿＿＿＿＿＿

⑤
{ 良好：＿＿＿＿＿＿
{ 優良：＿＿＿＿＿＿

⑥
{ 高血壓：＿＿＿＿＿＿
{ 壓力：＿＿＿＿＿＿

8 閱讀理解

糖尿病人飲食須知 (xū zhī)

糖尿病人需要特殊 (tè shū) 的飲食。糖尿病人的飲食原則 (yuán zé) 是：

1) 平均分配 (píng jūn fēn pèi) 全天所需碳水化合物的量。

2) 定時進食，血糖不能過高或過低。

3) 定量進食，每餐不能吃得太多或太少。

糖尿病人最好不吃高糖、高油、太鹹的食物，還應該少吃植物性油脂 (yóu zhī) 較多的食物，如花生、腰果 (yāo guǒ)、核桃、瓜子 (guā zǐ) 等。糖尿病人可以吃全麥 (quán mài) 麵食、土豆、番薯 (fān shǔ) 等主食，但不能吃糊化過度 (hú huà guò dù) 的食物，如粥、湯圓、西米露 (xī mǐ lù) 等。

糖尿病人要吃以蔬菜為主的食物和低糖水果。他們還可以吃低脂 (dī zhī) 或脫脂 (tuō zhī) 的奶製品、瘦肉、雞蛋、魚和豆製品。

A 選擇（答案不只一個）

糖尿病人＿＿＿＿＿＿＿＿＿＿＿＿。

a) 不能吃太多花生

b) 可以吃雞蛋和魚

c) 可以吃蔬菜

d) 不該吃油炸食品

e) 應該早、晚都吃麵食

f) 飲食需要特別注意

B 回答問題

1) 在進餐時間和分量方面，糖尿病人應該注意什麼？

2) 糖尿病人吃主食時，應該注意什麼？

3) 糖尿病人所有水果都能吃嗎？

9 找同類詞語填空

1) 高血壓＿＿＿＿＿ ＿＿＿＿＿ ＿＿＿＿＿ ＿＿＿＿＿

2) 蛋白質＿＿＿＿＿ ＿＿＿＿＿ ＿＿＿＿＿ ＿＿＿＿＿

3) 煎餅果子＿＿＿＿＿ ＿＿＿＿＿ ＿＿＿＿＿ ＿＿＿＿＿

10 閱讀理解

中學階段，除了學習壓力（yā lì）以外，還有各種各樣的活動。有些學生很難適應這樣的快節奏生活。以下是幾個高中畢業生的感言（gǎn yán）和建議：

學生 1：要學會合理安排時間。平時要制訂學習、活動計劃（zhì dìng），例如每天放學後先做什麼作業，然後做哪些活動，晚上睡覺以前應該做什麼。週末也要制定計劃，更好地利用（lì yòng）時間完成平時沒做完的作業、參加課外活動、陪伴（péi bàn）家人、跟朋友玩等。

學生 2：要注重培養自主學習（zì zhǔ）的習慣。要學會學習才能保證學"會"。如果老師教的東西不太懂，可以自己多看幾遍書，或者在網上查詢（chá xún）有關內容。自主學習是現代學生必需（bì xū）的技能。

學生 3：要不斷改進（gǎi jìn）學習方法，提高學習效率（xiào lù），培養獨立思考（sī kǎo）的能力。

A 選擇（答案不只一個）

1) 學生 1 覺得＿＿＿＿＿。
   a) 制定計劃有利於合理利用時間
   b) 每天的計劃一定要一樣
   c) 每天都要跟朋友玩
   d) 週末可以把平時做不完的作業做完

2) 學生 2 認為＿＿＿＿＿。
   a) 要學會自主學習
   b) 要養成每天讀書的習慣
   c) 如果老師教的知識沒聽懂，可以自己看書
   d) 可利用網上的內容自學

B 回答問題

1) 中學生面對哪些壓力？

2) 中學生要有哪些能力？

11 完成句子

1) 現代人生活節奏快，_____

2) 快餐一般是高鹽、_____

3) 現代疾病有高血壓、_____

4) 高熱量的食品還容易引起_____

5) 良好的飲食習慣是_____

12 看圖寫短文

①

②

③

④

你可以用

a) 快餐對身體健康不好。我最近很少吃快餐。

b) 經常吃快餐容易發胖，還可能得高血壓、糖尿病等現代疾病。

c) 高熱量的食品容易引起消化不良等腸胃疾病。

d) 平時應該多吃新鮮的蔬菜水果、瘦肉、魚。

e) 要是想身體健康，還要經常做運動。

13 回答問題

1) 明年春節是幾月幾號？中國人春節有哪些慶祝活動？

2) 明年的元宵節是幾月幾號？元宵節的傳統食品是什麼？

3) 明年的端午節是幾月幾號？端午節人們吃什麼？有什麼活動？

4) 明年的中秋節是幾月幾號？中秋節人們吃什麼？有什麼活動？

5) 明年的重陽節是幾月幾號？重陽節人們做什麼？

14 寫意思

① { 心臟：_____ 內臟：_____ }

② { 預防：_____ 防滑：_____ }

③ { 走親訪友：_____ 訪問：_____ }

④ { 豐盛：_____ 盛大：_____ }

⑤ { 暴飲暴食：_____ 暴風雪：_____ }

⑥ { 元宵節：_____ 夜宵：_____ }

15 完成句子

1) 春節是中國人_____

2) 節日期間，不論_____

3) 節日裏的食物特別豐盛，_____

4) 大魚大肉吃多了，加上_____

16 閱讀理解

陰曆正月十五是元宵節。元宵節是一年中第一個月圓之夜，是中國人一家團圓的節日。

元宵節這天，人們吃湯圓（北方人叫元宵）。湯圓是用糯米做的。湯圓有兩種，一種有餡兒(xiànr)，一種沒有餡兒。湯圓的餡兒又有鹹、甜兩種。鹹的餡兒有豬肉、火腿、蝦米(xiā mi)等口味。甜的餡兒有芝麻、花生、紅豆等口味。湯圓可以煮着吃，也可以炸着吃。

元宵節有賞花燈(huā dēng)和猜燈謎(dēng mí)的習俗。五光十色的花燈形狀逼真(bī zhēn)、花樣繁多，有人物、動物、花草等。燈謎一般貼在花燈上。燈謎的謎底(mí dǐ)有地名、動物、日用品、成語(chéng yǔ)、漢字等，比如"'上下一體'，打一個字"，謎底是"卡"。

A 配對

□ 1) 對中國人來說，元宵節
□ 2) 元宵節有吃湯圓、
□ 3) 湯圓又叫元宵，湯圓裏的餡兒
□ 4) 花燈的形狀各式各樣，
   a) 可以煮着吃，也可以炸着吃。
   b) 燈謎就貼在花燈上。
   c) 是一家團圓的節日。
   d) 燈謎大多是關於食物和動物的。
   e) 賞花燈和猜燈謎的習俗。
   f) 有鹹的，也有甜的。

B 回答問題

1) 湯圓可以怎麼吃？

2) 元宵節有哪些慶祝活動？

C 猜燈謎

1) 左手五個，右手五個，拿去十個，還剩(shèng)十個。

2) 遠看兩個零，近看兩個零。有人用了行不得，有人不用不得行。

3) 有面無口，有腳無手。聽人講話，陪(péi)人吃酒。

4) 有硬有軟，有長有寬(kuān)。白天空閒(kòng xián)，夜晚上班。

1) 聚餐　幾乎：

2) 過年　注意：

3) 千萬　不利：

4) 增加　消化：

18 閱讀理解

農曆九月初九是重陽節。在《易經》(yì jīng)中六是陰數(yīn shù)，九是陽數(yáng shù)。九月初九，兩"九"相重，所以叫"重陽節"。

在古代，重陽節又叫登高節(dēng)。人們會去登山、登塔(tǎ)。因為"高"跟"糕"的發音一樣，所以這天會吃重陽糕。很多婦女、小孩會佩戴(pèi dài)茱萸(zhū yú)，有的人家還把茱萸掛在門上，因為人們相信茱萸可以消災(xiāo zāi)、驅邪(qū xié)。

因為"九九"重陽跟"久久"同音，九又是最大的數字，有長(cháng)久(jiǔ)、長壽(cháng shòu)的含義(hán yì)，所以 1988 年中國把農曆九月初九定為老人節，讓這個節日變成(biàn chéng)尊老(zūn lǎo)、愛老、助老的節日。這一天，晚輩會帶着長輩外出郊遊、登山，跟老人共度佳節(gòng dù jiā jié)。

A 配對

☐ 1) 陰曆九月初九
☐ 2) 在古代，重陽節那天
☐ 3) 重陽節人們會把茱萸
☐ 4) 人們相信茱萸可以

a) 每家每戶都做重陽糕。
b) 是中國的傳統節日：重陽節。
c) 戴在身上、掛在門上。
d) 驅邪、消災、保平安。
e) 所有的人都去遊山玩水。
f) 人們會登高望遠。

B 回答問題

1) 為什麼農曆九月初九叫重陽節？

2) 為什麼把重陽節定為老人節？那天中國人會做什麼？

19 閱讀理解

怎麼安排年夜飯總是讓我父母很頭疼。我父母都是獨生子女，姥姥（lǎo lao）、姥爺（lǎo ye）、爺爺、奶奶每年都會到我家吃年夜飯。我父母工作非常忙，也不太會做飯，所以每年都為做什麼年夜飯苦惱（kǔ nǎo）。

今年的年夜飯，父母讓我來安排。我打算選我家附近的飯店吃年夜飯。在安排年夜飯時我主要考慮（kǎo lǜ）以下三個方面。第一，年夜飯很重要，一定要豐盛，所以我想選我家附近的一家既做中式飯菜又做西式飯菜的五星級飯店。第二，飯菜既要有特色，又要健康，不能太油膩，要適合老人吃。第三，因為過年在飯店吃飯很貴，所以我打算訂以魚和蔬菜為主的年夜飯，價格（jià gé）不會太離譜（lí pǔ）。

A 選擇（答案不只一個）

1) 她家的年夜飯_____。

   a) 很難安排

   b) 都是祖父母做的

   c) 跟爺爺奶奶和外公外婆一起吃

   d) 都不在家裏吃

2) 今年她負責安排年夜飯，_____。

   a) 她會為大家做飯

   b) 她會訂一桌豐盛的飯菜

   c) 她訂的飯菜會比較清淡，適合老人吃

   d) 她會訂大家沒嘗過的菜

B 填空

以下是她訂的菜，一共有_____個冷盤、_____個熱菜、_____個湯/羹、_____個主食和_____個甜品。

闔家歡樂（六味冷盤）	蒸蒸日上（各色雜糧 zá liáng）	百年好合（西芹炒百合 xī qín bǎi hé）
吉慶有餘（清蒸鮭魚 guī yú）	富貴連年（糯米蓮藕 lián ǒu）	團團圓圓（酒釀圓子 jiǔ niàng）
玉樹金錢（菜心香菇 cài xīn xiāng gū）	金玉滿堂（粟米羹 sù mǐ gēng）	更上一層樓（水果拼盤）

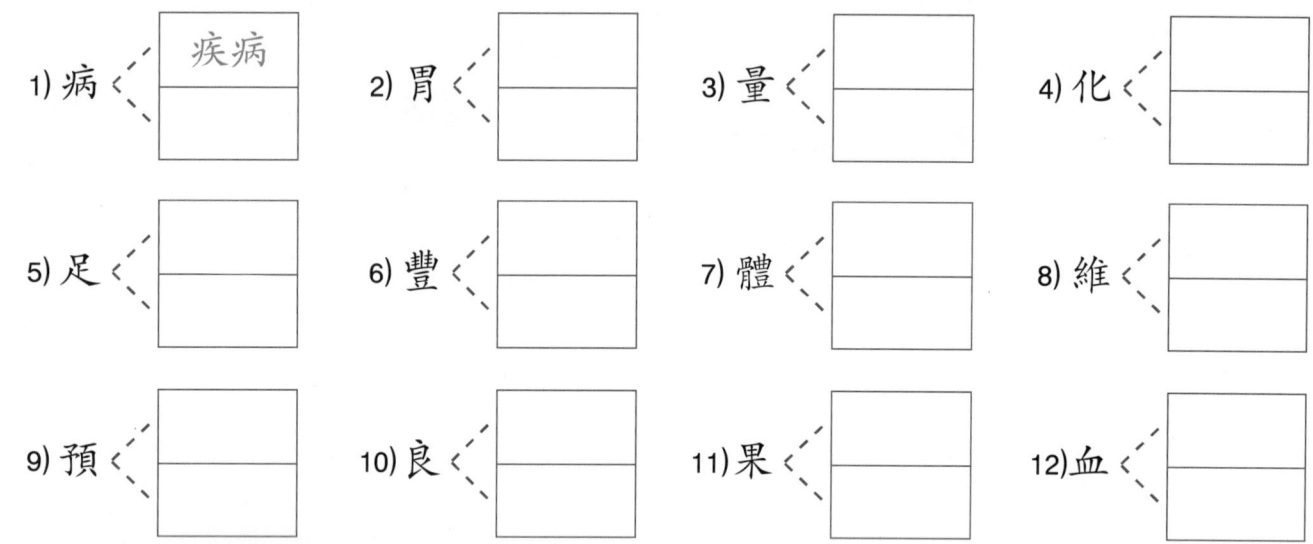

1) 病 ─ 疾病

2) 胃 ─

3) 量 ─

4) 化 ─

5) 足 ─

6) 豐 ─

7) 體 ─

8) 維 ─

9) 預 ─

10) 良 ─

11) 果 ─

12) 血 ─

21 根據實際情況回答問題

1) 你最喜歡哪個中國的傳統節日？為什麼？

2) 你們家慶祝哪些中國的傳統節日？

3) 節日期間，你們家一般做什麼？

4) 節日期間，你們會走親訪友嗎？你們會跟哪些親戚見面？

5) 節日期間，你們家會做什麼菜？

6) 節日期間大吃大喝會對身體有什麼影響？

7) 你因為吃得不舒服生過病嗎？生過什麼病？

8) 雞鴨魚肉含有哪些營養？

9) 大魚大肉吃多了會怎麼樣？

10) 什麼樣的食物對健康有利？

11) 你的飲食習慣健康嗎？為什麼？

12) 你平時鍛煉身體嗎？常做什麼運動？

今年春節我生病了，得了腸胃炎（cháng wèi yán），還住院（zhù yuàn）了。

春節期間，我吃了很多平時不常吃的東西，例如糖果、點心等。不論在自己家，還是在親友家，我都吃了很多大魚大肉，喝了不少飲料。除此之外，因為要走親訪友，給親戚朋友拜年，所以沒有好好休息，也沒有時間鍛煉身體。到了大年初五，我覺得肚子很難（nán）受（shòu），還上吐下瀉。媽媽帶我去看醫生。醫生說我吃了太多高油、高糖的食物，腸胃消化不了，引起了腸胃炎。我的病挺嚴重（yán zhòng）的，醫生讓我住院治療（zhì liáo）。

之後的幾天，我一直躺在牀上休息。除了粥以外，我什麼都沒吃。一個星期以後，我的肚子舒服了。

這次生病讓我感受（gǎn shòu）到高油、高糖的食物一定不能多吃。即使過年過節，也要控制（kòng zhì）飲食。

A 配對

□ 1) 他春節吃了很多大魚大肉，還

□ 2) 因為要走親訪友，

□ 3) 大年初五

□ 4) 吃了太多高油、高糖的食物，

a) 什麼都不想吃。

b) 所以他沒有時間做運動。

c) 他肚子疼，還上吐下瀉。

d) 他吃的東西都是平時不吃的。

e) 喝了很多飲料。

f) 他的腸胃消化不了。

B 回答問題

1) 他住院的時候吃了什麼？

2) 這次生病他有什麼感受？

C 寫短文

給你在國外的朋友寫電郵，介紹你最喜歡的中國傳統節日。你要寫：

· 你最喜歡哪個節日

· 你和家人去年是在哪兒慶祝這個節日的

· 你們吃了什麼，做了什麼

· 你有什麼感受

唐僧取經

古代小説《西遊記》裏的很多故事都是虛構的，但唐僧取經卻真有其事。

唐僧，即玄奘，是唐代著名的高僧、佛學家、翻譯家和旅行家。玄奘生於公元 602 年。他少年時就愛好佛學，十三歲當了和尚，遊歷了全國各地著名的寺院，學習佛教經典，向佛學大師求教。玄奘對自己的知識還是不滿足，決心到佛教的發源地——印度去取經。

公元 628 年，玄奘從京城長安（今西安）出發，穿越沙漠，經歷千辛萬苦到了印度。公元 645 年，玄奘回到長安。十七年間，他走了五萬里路，周遊了許多國家，帶回了六百五十七本佛經。在後來的十九年裏，他翻譯了七十五部佛經。他還著有《大唐西域記》，記錄他遊歷過的國家的歷史地理、風土人情、宗教信仰等情況。玄奘公元 664 年去世，享年六十二歲。

生詞

① 唐僧 tángsēng Tang Seng, also known as Xuanzang (玄奘，602-664), Buddhist scholar, translator and traveller of the Tang Dynasty, whose journey to India became the theme of the novel *Journey to the West*

② 取經 qǔ jīng go on a pilgrimage for Buddhist scriptures

③ 古代 gǔ dài ancient times

④ 西遊記 xī yóu jì *Journey to the West*

⑤ 故事 gù shi story

⑥ 虛構 xū gòu fiction

⑦ 卻 què but

⑧ 真有其事 zhēn yǒu qí shì It was true

⑨ 即 jí that is

⑩ 唐代 táng dài Tang Dynasty (618-907)

⑪ 高僧 gāo sēng accomplished monk

⑫ 佛學 fó xué Buddhist learning

⑬ 公元 gōng yuán Christian era

⑭ 和尚 hé shang monk

⑮ 遊歷 yóu lì tour

⑯ 寺院 sì yuàn monastery

⑰ 佛教 fó jiào Buddhism

⑱ 經典 jīng diǎn classics

⑲ 大師 dà shī great master

⑳ 求教 qiú jiào ask for advice

㉑ 滿足 mǎn zú satisfied

㉒ 發源地 fā yuán dì place of origin

㉓ 印度 yìn dù India

㉔ 出發 chū fā set out

㉕ 穿越 chuān yuè pass through

㉖ 沙漠 shā mò desert

㉗ 周遊 zhōu yóu travel round

㉘ 佛經 fó jīng Buddhist Scripture

㉙ 著 zhù write

㉚ 大唐西域記 dà táng xī yù jì *Records on the Western Regions of the Tang Empire*

㉛ 記錄 jì lù record

㉜ 風土人情 fēng tǔ rén qíng local conditions and customs

㉝ 宗教 zōng jiào religion

㉞ 信仰 xìn yǎng belief

A 填表

唐僧的名字：	出生時間：
身份：	
取經出發時間：	取經回國時間：
取經用的時間：	取經走的路程：
帶回的佛經數量：	翻譯的佛經數量：
著作名稱：	
去世時間：	享年：

B 回答問題

1) 《西遊記》裏的故事都是真的嗎？

2) 去印度取經之前，唐僧做了什麼？

3) 除了翻譯佛經，唐僧回到長安後還做了什麼？

4) 《大唐西域記》裏記錄了什麼？

24 讀成語，配對

□ 1) 不知不覺　　　　　a) 全世界都知道，形容非常有名。
　　bù zhī bù jué

□ 2) 名列前茅　　　　　b) 形容收穫很大。
　　míng liè qián máo

□ 3) 滿載而歸　　　　　c) 沒有意識到，沒有覺察到。
　　mǎn zài ér guī　　　　　　　yì shí　　　jué chá

□ 4) 堅持不懈　　　　　d) 比喻名次排在前面。
　　jiān chí bú xiè　　　　　　míng cì

□ 5) 舉世聞名　　　　　e) 堅持到底，不鬆懈。
　　jǔ shì wén míng　　　　　jiān chí dào dǐ　　sōng xiè

第三單元　複習

第七課　**中國美食**

課文 1　南方　南方人　北方　北方人　飲食　種類　餛飩　油條　饅頭　煎蛋　煎餅果子　麵食　豆漿　醬菜　甜麵醬　果醬　花生醬　辣椒醬　黃油　薄　抹　葱花　捲　脆　以　為

課文 2　花樣繁多　鮮美　概括　說法　重　醬油　鹽　一帶　海鮮　清淡　山西　豆製品　主食　大餅　深　喜愛　離　熟　強調　俱全　講究　切　燒　丁　塊　形狀　煮

第八課　**飲食與健康**

課文 1　營養師　請教　青少年　身體　注意　足夠　能量　均衡　穀　保證　充足　蛋白質　除此之外　奶製品　鈣　維他命　不利　人們　集中　精力　只有……才……

課文 2　提　金字塔　按照　主要　玉米　含　碳水化合物　人體　維生素　纖維　礦物質　脂肪　適量　屬於　大量　使　發胖

第九課　**節日飲食**

課文 1　節奏　後果　久而久之　熱量　疾病　血脂　高血壓　糖尿病　心臟病　肥胖症　引起　消化不良　腸胃　預防　才　良好　垃圾　奶油　植物油　分　進餐　定時　定量　首先　其次

課文 2　元宵節　重陽節　走親訪友　聚餐　大吃大喝　大家　豐盛　幾乎　大魚大肉　鍛煉　體重　加上　胃口　上吐下瀉　過量　因此　千萬　暴飲暴食

句型：

1) 中國的南方人和北方人在飲食習慣上很不同。

2) 我們家早飯以西餐為主。

3) 山西人愛吃酸的，做菜少不了放醋。

4) 餃子、包子、大餅、麵條等麵食都深受北方人喜愛。

5) 中國人習慣把食物做熟了再吃。

6) 不吃早餐對健康非常不利。

7) 人們每天吃的食物主要分四大類。第一類是主食，也就是穀類食物。

8) 首先，要養成良好的飲食習慣。其次，每餐最好只吃八分飽。最後，進餐要定時、定量。

問答：

1) 中國人早飯一般吃什麼？　　中國的南方人和北方人在飲食習慣上很不同，所以早餐的種類特別多。

2) 煎餅果子是什麼？　　煎餅果子是一種北方的早餐。煎餅果子是在一張又圓又薄的麵餅上放上雞蛋，抹上甜麵醬和辣椒醬，再放上蔥花和油條，之後捲起來吃。

3) 青少年在飲食方面要注意什麼？　　青少年正在長身體，需要足夠的能量和營養。他們需要合理的飲食。

4) 怎樣才是合理的飲食呢？　　合理的飲食就是要吃營養豐富、均衡的食物。

5) 除此之外，他們還應注意什麼？　　他們最好每天都吃奶製品、豆製品等高鈣食品，同時還要保證食品裏有足量的維他命。

6) 有些同學不吃早飯。這樣會影響健康吧？　　對，不吃早餐對身體健康非常不利。青少年不僅要吃早飯，而且要吃營養豐富的早餐。

7) 常吃快餐會給身體健康帶來什麼後果呢？　　經常吃快餐，人們很可能得現代疾病。

8) 那怎麼才能預防現代疾病呢？　　首先，要養成良好的飲食習慣。其次，每餐最好只吃八分飽。最後，進餐要定時、定量。

9) 除了飲食以外，還要注意什麼？　　要是想身體健康，還要經常做運動。

第三單元　測　驗

1 找相關詞語填空

1) 中式早餐：＿＿＿＿＿　＿＿＿＿＿　＿＿＿＿＿　＿＿＿＿＿

2) 中國菜的燒法：＿＿＿＿＿　＿＿＿＿＿　＿＿＿＿＿　＿＿＿＿＿

3) 現代疾病：＿＿＿＿＿　＿＿＿＿＿　＿＿＿＿＿　＿＿＿＿＿

4) 中國的傳統節日食品：＿＿＿＿＿　＿＿＿＿＿　＿＿＿＿＿　＿＿＿＿＿

2 用所給詞語填空

> 説法　習慣　營養　種類　味道　消化　胃口　能量　體重　飲食

1) 青少年不僅要吃早餐，而且要吃＿＿＿＿＿豐富的早餐。

2) 中國飲食花樣繁多，＿＿＿＿＿鮮美。

3) 概括起來，中國飲食有"南甜北鹹、東鮮西酸"的＿＿＿＿＿。

4) 含碳水化合物的食物給人體提供＿＿＿＿＿。

5) 中國人＿＿＿＿＿食物做熟了再吃。

6) 中國人早餐的＿＿＿＿＿特別多。

7) 高熱量的食品容易引起＿＿＿＿＿不良等問題。

8) 我沒有＿＿＿＿＿，不想吃東西。

9) 過節時我們要注意＿＿＿＿＿，千萬不要暴飲暴食。

10) 春節之後我的＿＿＿＿＿增加了不少。

3 組詞並寫出意思

1) 味道＿＿＿＿＿：＿＿＿＿＿

2) 花樣＿＿＿＿＿：＿＿＿＿＿

3) 暴飲＿＿＿＿＿：＿＿＿＿＿

4) 營養＿＿＿＿＿：＿＿＿＿＿

5) 集中＿＿＿＿＿：＿＿＿＿＿

6) 垃圾＿＿＿＿＿：＿＿＿＿＿

7) 傳統＿＿＿＿＿：＿＿＿＿＿

8) 走親＿＿＿＿＿：＿＿＿＿＿

4 翻譯

1) 山西人愛吃酸的，做菜時少不了放醋。

2) Chinese New Year dinner is not complete without fish and meat dishes.

3) 他寫的小說深受青少年喜愛。

4) Food made from flour is greatly favoured by people from Northern China.

5) 節日期間大吃大喝對健康非常不利。

6) Not eating breakfast is bad for your health.

7) 只有吃營養豐富、均衡的食物，青少年才能健康成長。

8) You can focus better in class only if you eat breakfast.

5 組詞並寫出意思

1) jiān 蛋

2) jiàng 菜

3) là 椒

4) cōng 花

5) qīng 淡

6) zú 夠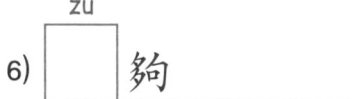

7) jīng 力

8) yù 米

9) shì 量

10) shǔ 於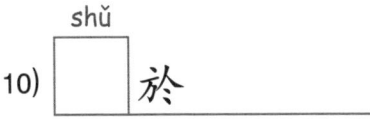

11) féi 胖

12) jìn 餐

13) lā 圾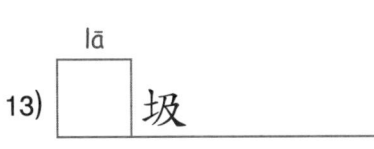

14) zhí 物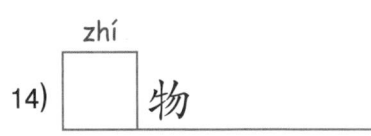

15) dìng 量

6 造句

1) 強調　俱全　講究：

2) 應該　保證　充足：

3) 按照　食物　主要：

4) 節奏　久而久之　後果：

5) 預防　良好　垃圾：

6) 走親訪友　聚餐　影響：

7 閱讀理解

要想吃得健康，除了要少吃高油、高鹽、高糖的食物以外，進食的速度、次序也很重要。

現在人們的生活節奏越來越快，吃飯的時間越來越短。其實，慢食才是健康的進食方式。我們的大腦在進食至少二十分鐘後才開始傳達"飽了"的信息。如果吃得太快，就容易吃得過多。

要想減少進食量，還應先喝湯、吃蔬菜，然後吃含有碳水化合物的食物，最後再吃肉類。這樣水和纖維先給了我們飽腹感，就可以少吃主食，還可以保持多菜少肉的健康飲食習慣。

除此之外，吃完飯以後最好去散一會兒步，不要急於坐下來學習、工作。

A 選擇

1) 要想吃得健康，就得＿＿＿＿。
   a) 吃得快
   b) 慢慢地吃
   c) 多吃油炸食品

2) 健康的進食次序是＿＿＿＿＿＿。
   a) 菜、肉、飯、湯
   b) 肉、湯、飯、菜
   c) 湯、菜、飯、肉

B 回答問題

1) 為什麼慢食更健康？

2) 為什麼先喝湯、吃菜有利於減少進食量？

3) 吃完飯後要注意什麼？

柴、米、油、鹽、醬、醋、茶被中國人稱為"開門七件事"。隨着社會的進步和人們生活水平的提高，"開門七件事"以及人們的飲食觀念都在不斷改變。

幾十年前糧食缺乏，人們只希望能填飽肚子。到了七、八十年代，吃飽不是問題了，但是雞鴨魚肉還是重要的食物，天天都能吃上大魚大肉就表示生活富裕了。後來，隨着經濟的發展，各種肉食慢慢地走上了普通百姓的日常餐桌。近些年，人們開始關注飲食健康，重視膳食平衡，注重食物的營養齊全、粗細混食、葷素搭配。如今，健康的食材和烹飪方式倍受關注。大魚大肉不再是主角。人們不再盲目地追求吃得好、吃得精，而是要吃得健康，遠離"富貴病"。

從吃飽就行到注重健康，中國人的餐桌見證了人們飲食觀念的變化。

A 配對

□ 1) 中國人以前的日常生活必需品是
□ 2) 幾十年前，生活條件不好，
□ 3) 七、八十年代，人們希望
□ 4) 近些年，人們追求

  a) 要看餐桌上有沒有肉。
  b) 人們只希望能吃飽飯。
  c) 營養均衡、粗細混食、葷素搭配。
  d) 很多人得了"富貴病"。
  e) 柴、米、油、鹽、醬、醋、茶。
  f) 餐餐都能吃上雞鴨魚肉。

B 回答問題

1) 如今，在飲食方面人們更關注什麼？

2) 中國人的飲食觀念發生了什麼變化？

9 寫短文

寫日記，說一說你因飲食不當生病的經歷。你要寫：

· 你吃了什麼，喝了什麼
· 你的身體出現了什麼問題
· 你的經歷和感受

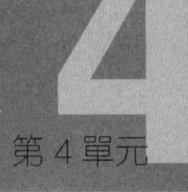

第十課　現代科技

課文 1

1 用所給詞語填空

> 放心　　查　　代替　　扮演　　改錯　　交流　　下載　　瀏覽

1) 在電視前坐太久，視力是會受影響。您_____，我會提醒自己注意。

2) 我有空兒時會_____網頁，看看新聞。

3) 電腦只能幫助我們學習，不能_____我們學習。

4) 用電腦上網_____資料，既方便又省時。

5) 在電腦上打字，電腦可以幫我_____。

6) 不管在學習、生活還是娛樂方面，電腦都_____着重要的角色。

7) 我上社交網跟朋友聊天兒、_____信息。

8) 我還喜歡在網上_____音樂、電影、遊戲等。

2 寫意思

① { 省時：_____
　 省錢：_____

② { 整齊：_____
　 整理：_____

③ { 改錯：_____
　 改正：_____

④ { 下載：_____
　 運載：_____

⑤ { 意見：_____
　 願意：_____

⑥ { 網頁：_____
　 頁碼：_____

⑦ { 電腦：_____
　 頭腦：_____

⑧ { 社交：_____
　 交朋友：___

⑨ { 代替：_____
　 替身：_____

⑩ { 確實：_____
　 真實：_____

⑪ { 信息：_____
　 信號：_____

⑫ { 新聞：_____
　 見聞：_____

3 閱讀理解

當今世界，電腦已經成為人們日常生活中不可缺少的工具了。"電腦"就像我們的大腦一樣，聰明、做事精準、快速，能做很多事情。

· 我們可以用電腦算數。它幾秒鐘就可以算出複雜的數學題。

· 我們可以用電腦裏的 Word、Excel 等辦公軟件處理文件。

· 我們可以用電腦聽音樂、看電影、玩兒遊戲，放鬆一下。

· 我們可以上網下載音樂、電影、視頻等。

· 我們可以在網上的聊天室跟同學、朋友聊天兒。

· 無論想訂旅館還是想知道附近有哪些飯店，我們遇到的大多數問題都可以用電腦上網請網上的"好心人"幫忙解決。

A 寫意思

1) 當今：_____   4) 複雜：_____

2) 精準：_____   5) 軟件：_____

3) 快速：_____   6) 視頻：_____

B 配對

☐ 1) 很難的數學題

☐ 2) 人們不用去電影院

☐ 3) 要是想聯絡朋友，

☐ 4) 如果遇到問題，

   a) 也可以看電影。

   b) 電腦的辦公軟件會處理。

   c) 電腦幾秒鐘就能算出來。

   d) 可以讓網上的"好心人"幫助你。

   e) 可以在網上的聊天室跟朋友聊天兒。

   f) 能告訴你怎麼去。

4 寫反義詞

1) 收→_____   2) 輕→_____   3) 暖和→_____   4) 多數→_____

5) 高→_____   6) 哭→_____   7) 有利→_____   8) 課上→_____

5 填動詞

1) _____資料 2) _____信息 3) _____文章 4) _____電影

5) _____網頁 6) _____新聞 7) _____音樂 8) _____遊戲

6 閱讀理解

互聯網在我們的學習和生活中扮演着重要的角色。網絡(wǎng luò)的好處數(shǔ)不勝數(bú shèng shǔ)。

我們可以上網看新聞，不用出家門就能知道世界大事。我們可以用社交網聯繫朋友。網絡拉近(lā jìn)了人與人之間的距離(jù lí)。網上還有"電子(diàn zǐ)商務(shāng wù)"功能。我們可以上網購物，不用去商場就能買到世界各地的產(chǎn)品(pǐn)。除了買東西之外，我們還可以上網訂票、訂旅館，十分方便。

網絡在我們的學習中也越來越重要了。如果遇到複雜的數學題，我們可以請網上的"好心人"為我們講解(jiǎng jiě)。學習外語的時候，我們可以上網看外國電影、聽外國歌、讀閱讀材料(cái liào)、和"語言夥伴(huǒ bàn)"聊天兒。網絡可以幫我們提高聽力、閱讀和口語能力。除此之外，有了網絡，我們在家寫作業時可以很方便地跟同學討論(tǎo lùn)、問老師問題。

A 寫意思

1) 拉近：____ 4) 講解：____

2) 距離：____ 5) 材料：____

3) 產品：____ 6) 夥伴：____

B 判斷正誤

☐ 1) 網絡的好處數不完。

☐ 2) 社交網讓人和人的距離更近了。

☐ 3) 可以上網買外國商品。

☐ 4) 如果不能上網就不能學習。

☐ 5) 可以上網做閱讀練習。

☐ 6) 網絡對學習外語很有幫助。

C 回答問題

1) 如果有不會的數學題可以怎麼辦？

2) 網絡怎樣幫助人們學習外語？

7 用所給結構及詞語造句

1) 聽你這麼說，難道沒有電腦 →
   就不能學習、生活了嗎？

去　參加：

2) 電腦確實在生活中越來越重 →
   要了。

節日　暴飲暴食：

3) 在電腦前坐太久，視力是會 →
   受影響。

幫助　學習：

8 想一想，寫一寫

• 打字		→ 如果打字打錯了，電腦可以改錯。
•		→
•		→
•	電腦的功能　電腦的好處	→
•		→
•		→
•		→
•		→
•		→

1) 用途　扮演：

2) 查資料　信息：

3) 確實　代替：

4) 電腦　省：

互聯網就像一個知識的海洋，想學什麼就有什麼。網上的知識可以很方便地隨時隨地查詢。這讓很多人覺得學校裏學的知識沒那麼重要了。

雖然上網查資料很方便，但是課本裏的內容是專家編寫的，一定是正確的。網上的內容沒有人管，有些內容可能是錯的。另外，網上的內容其實只是"信息"，人們還是需要通過學習把網上的信息變成自己的知識。

因此，雖然網上無所不有，但是不等於我們不用學習了。我們還是需要先掌握各方面的基礎知識，才能更好地用互聯網，讓它更好地為我們服務。

A 判斷正誤

□ 1) 互聯網上的信息多得不得了。

□ 2) 互聯網上的信息什麼時候查詢都可以。

□ 3) 有互聯網後人們不看書了。

□ 4) 專家沒看過課本裏的內容。

□ 5) 互聯網上的內容不一定正確。

□ 6) 互聯網上的信息不用學就能變成自己的知識。

□ 7) 雖然有了互聯網，還是要學基礎知識。

□ 8) 人們要學習怎麼更好地用互聯網。

B 回答問題

1) 為什麼說"互聯網就像一個知識的海洋"？

2) "學校裏學的知識沒那麼重要了"你同意嗎？你怎麼看？

11 完成句子

1) 電腦在＿＿＿＿＿＿＿＿＿＿＿＿＿＿＿＿＿＿扮演着重要的角色。

2) 用電腦上網查資料、＿＿＿＿＿＿＿＿＿＿＿＿，既方便又省時。

3) 我用電腦收、發電郵，＿＿＿＿＿＿＿＿＿＿＿＿＿＿＿＿

4) 電腦只能幫助我們＿＿＿＿＿＿＿＿＿＿＿＿＿＿＿＿＿＿

5) 在電腦前坐太久，＿＿＿＿＿＿＿＿＿＿＿＿＿＿＿＿＿＿

12 看圖寫短文

①

②

③

④

你可以用

a) 電腦的用途可多了！

b) 可以用電腦跟朋友聊天兒。

c) 可以用電腦給遠方的親人發電郵。

d) 可以用電腦看電影、聽音樂，放鬆一下。

e) 在電腦前坐太久，視力會受影響，還容易變胖。

13 用所給詞語填空

| 叫　陪伴　聯絡　猜　提醒　播放　發生　攝像　查　忘記 |

1) 如果想＿＿＿＿朋友，我只要按幾個鍵就可以了。

2) 要是我＿＿＿＿帶相機也沒問題，可以用手機照相。

3) 遇到生詞的時候，手機可以幫我＿＿＿＿字典、翻譯。

4) 每天早上手機是鬧鐘，＿＿＿＿我按時起牀。

5) 聽到這裏，你肯定早就＿＿＿＿出我的"朋友"是誰了。

6) 不用＿＿＿＿我也知道，我不應該太依賴手機。

7) 要是想知道世界上＿＿＿＿了什麼事情，手機可以立刻報道新聞。

8) 我想放鬆一下的時候，可以用手機＿＿＿＿音樂。

9) 手機隨時＿＿＿＿在我身邊。

10) 難忘的時刻，手機可以為我＿＿＿＿。

14 寫意思

① { 攝像：＿＿＿＿＿＿
　　攝影：＿＿＿＿＿＿ }

② { 隨時：＿＿＿＿＿＿
　　隨地：＿＿＿＿＿＿ }

③ { 算數：＿＿＿＿＿＿
　　歲數：＿＿＿＿＿＿ }

④ { 聯絡：＿＿＿＿＿＿
　　聯繫：＿＿＿＿＿＿ }

⑤ { 字典：＿＿＿＿＿＿
　　詞典：＿＿＿＿＿＿ }

⑥ { 陪伴：＿＿＿＿＿＿
　　同伴：＿＿＿＿＿＿ }

⑦ { 報道：＿＿＿＿＿＿
　　預報：＿＿＿＿＿＿ }

⑧ { 播放：＿＿＿＿＿＿
　　傳播：＿＿＿＿＿＿ }

⑨ { 鬧鐘：＿＿＿＿＿＿
　　吵鬧：＿＿＿＿＿＿ }

15 閱讀理解

買國產手機還是進口手機

北投(běi tóu)：我想買一部新的智能手機。現在華為(huá wéi)的智能手機很受歡迎。我在猶豫(yóu yù)，應該買華為的手機還是進口的手機？

有緣(yǒu yuán)：華為是中國通信行業(tōng xìn háng yè)的龍頭老大(lóng tóu lǎo dà)，投入(tóu rù)了很多資金研發新款(zī jīn yán fā xīn kuǎn)手機。華為的手機質量、外觀(wài guān)、功能都不錯。

寧靜(níng jìng)：我支持國貨(guó huò)。華為手機各個方面都不錯，價錢還只是進口手機的三分之一。現在電子產品的升級換代(shēng jí huàn dài)太快了，不需要買那麼貴的進口名牌。

吉力(jí lì)：華為手機是金屬機身(jīn shǔ jī shēn)，外觀(wài guān)非常大氣(dà qì)，設計也很人性化(rén xìng huà)。

陸地(lù dì)：和國產手機相比，進口手機的功能更多，但是很多功能我們根本用不到。我認為功能多不重要，重要的是看起來好看，用起來方便。

滿月(mǎn yuè)：我的朋友說華為手機的照相功能不太好，但對我來說手機是用來打電話的，拍照(pāi zhào)的功能不那麼重要。

北投：我明天去商店看看華為的手機。

A 判斷正誤

☐ 1) 北投可能會買國產的智能手機。

☐ 2) 有緣覺得華為手機的各方面都不錯，值得買。

☐ 3) 寧靜認為國產手機物美價廉。

☐ 4) 吉力喜歡華為手機的設計。

☐ 5) 陸地買手機時，主要看手機的功能，功能越多越好。

☐ 6) 滿月認為手機的主要功能是打電話，不是照相。

B 根據實際情況回答問題

1) 你最近買手機了嗎？買了什麼手機？

2) 買手機的時候，你最看重什麼？

3) 你會買華為手機嗎？為什麼？

微信是一種聊天軟件。通過微信，人們可以發語音、視頻、圖片和文字，還可以通過語音聊天室和幾個人同時對話。

微信的朋友圈可以發表文章和圖片。其他人可以發表評論或"點讚"。通過微信，朋友們可以方便地分享經歷、看法。

微信這個平台還可以發表、出版自己的小説，幫人們實現當作家的夢想。想當作家的人可以開通自己的微信公眾賬號，先把朋友圈裏的朋友變成讀者。當微信開通了支付功能後，"作家"就有了自己的媒體平台，也就是自己的出版社了。"作家"通過微信直接面對讀者。讀者想看小説作品，直接付費就可以了。

A 寫意思

1) 圖片：_____   4) 平台：_____

2) 評論：_____   5) 出版：_____

3) 經歷：_____   6) 支付：_____

B 配對

☐ 1) 人們通過微信跟親友

☐ 2) 在微信朋友圈裏

☐ 3) "作家"通過微信平台把作品

☐ 4) 讀者通過微信支付功能

   a) 買微信平台上的小説。

   b) 發語音、聊天兒。

   c) 把自己的經歷寫成小説。

   d) 傳給朋友圈裏的朋友看。

   e) 開一個微信支付賬號。

   f) 人們分享文章和圖片。

C 回答問題

微信有哪些功能？

17 填動詞

1) _____文章   2) _____字典   3) _____音樂   4) _____資料

5) _____網頁   6) _____照片   7) _____新聞   8) _____遊戲

9) _____信息   10) _____朋友   11) _____電郵   12) _____音樂

18 完成句子

1) 智能手機是我的好朋友。它_____

2) 如果想查電郵，_____

3) 要是我想知道世界上發生了什麼事情，_____

4) 我想放鬆一下的時候，_____

5) 我覺得無聊的時候，_____

6) 我遇到生詞的時候，_____

7) 每天早上手機又是鬧鐘，_____

8) 即使智能手機什麼事都會做，_____

19 想一想，寫一寫

智能手機的功能	智能手機的好處
• 上網	→ 智能手機可以隨時收、發電郵。
•	→
•	→
•	→
•	→
•	→
•	→
•	→
•	→

20 造句

1) 手機　陪伴：

2) 聯絡　方便：

3) 發生　報道：

4) 即使　依賴：

21 閱讀理解

現在手機已經成為人們生活的一部分。它給人們帶來了很多方便，是人與人溝通的重要工具。很多中學生都有自己的手機。中學生帶手機上學都有哪些利弊呢？

中學生帶手機上學有很多好處：一是上學、放學途中如果遇到特別的事情，可以及時與家長聯繫。二是方便同學間交流，不論快樂還是煩惱，都可以跟同學發發短信，聊聊知心話。三是用手機上網查資料很方便，對學習有幫助。四是可以隨時拍下有意義、有價值的東西等。

中學生帶手機上學也有一些壞處：第一，手機很貴重，萬一丟失，損失比較大。第二，學生可能互相攀比手機的好壞。第三，手機的互動功能容易讓學生分心，學習成績可能受影響。

A 選擇

1) 中學生帶手機上學的好處是 ＿＿＿＿ 。

a) 方便跟家長聯繫

b) 方便查電郵

c) 可以複習功課

2) 中學生帶手機上學的壞處是 ＿＿＿＿ 。

a) 課間會玩兒手機遊戲

b) 家長要為孩子付電話費

c) 學習成績可能會受影響

B 根據實際情況回答問題

1) 在人們的生活中，手機扮演着什麼角色？

2) 你常用手機做什麼？你依賴它嗎？

154

22 閱讀理解

電腦在我們的學習和生活中扮演着越來越重要的角色。我們一天裏大部分時間都有電腦的陪伴,用電腦查資料、找信息、看新聞、瀏覽網頁、收發電郵、下載音樂、看電影、上社交網、寫博客、玩兒網絡遊戲等。

我每天的學習和生活也離不開電腦。我每天都帶着電腦上學。有些科目上課時會用到電腦。午飯時間和課間休息時間我也習慣用電腦上上網,放鬆一下。放學回家後我用電腦查資料、做功課、聯絡朋友。一天下來,直到睡覺我才會把電腦關上。

雖然父母和老師常提醒我"即使電腦幾乎什麼都會做,我們也不能太依賴電腦",但是電腦確實是一個必不可少的好幫
bì bù kě shǎo
手。我不能想像沒有電腦的生活
xiǎng xiàng
是什麼樣的。

A 選擇

1) 現在的人們_____。
   a) 經常在網上查資料
   b) 不玩兒網絡遊戲
   c) 都去圖書館查資料

2) 他_____。
   a) 白天上課時不用電腦
   b) 24 小時都開着電腦
   c) 用電腦做功課

B 回答問題

1) 為什麼他的學習和生活都離不開電腦?

2) 父母和老師常提醒他什麼?

C 寫短文

給爺爺奶奶寫電郵,告訴他們你怎麼用電腦/手機。你要寫:

· 在學習上電腦/手機可以做什麼
· 在生活上電腦/手機可以做什麼
· 你依賴電腦/手機嗎
· 使用電腦/手機時你要注意什麼

秦始皇

秦始皇生於公元前 259 年。他十三歲繼承王位，二十二歲開始執政，用十年的時間先後滅掉了周圍的六個國家。秦始皇於公元前 221 年統一了中國，建立了中國歷史上第一個統一的封建王朝——秦朝。因為他是第一個皇帝，所以稱為秦始皇。

為了把權力集中在自己一個人手裏，秦始皇建立了一些新的制度。他統一了文字、貨幣和度量衡。他在全國各地修了很多路。全國的交通更發達了。他還動用了三十萬人，花了十年時間把以前的長城連接了起來。

秦始皇的功績很大，但他卻是一個暴君。為了控制人們的思想，他叫人燒掉了很多古書，活埋了不少文人。秦始皇喜歡奢侈的生活，在全國各地建造了七百處行宮，還動用成千上萬的百姓為自己建造了墳墓。

生詞

1. 繼承 jì chéng succeed
2. 王位 wáng wèi throne
3. 執政 zhí zhèng be in power
4. 先後 xiān hòu one after another
5. 滅 miè destroy
6. 統一 tǒng yī unify
7. 建立 jiàn lì set up
8. 封建 fēng jiàn feudal
9. 王朝 wáng cháo dynasty
10. 皇帝 huáng dì emperor
11. 權力 quán lì power
12. 集中 jí zhōng centralize
13. 制度 zhì dù system
14. 貨幣 huò bì currency
15. 度量衡 dù liàng héng weights and measures
16. 修 xiū build
17. 發達 fā dá flourishing
18. 動用 dòng yòng employ
19. 連接 lián jiē connect
20. 功績 gōng jì merits and achievements
21. 暴君 bào jūn tyrant
22. 控制 kòng zhì control
23. 思想 sī xiǎng thought
24. 活埋 huó mái bury alive
25. 文人 wén rén scholar
26. 奢侈 shē chǐ luxurious
27. 建造 jiàn zào construct
28. 行宮 xíng gōng imperial palace for short stays away from the capital
29. 成千上萬 chéng qiān shàng wàn tens of thousands
30. 百姓 bǎi xìng civilians

A 選擇

1) 秦始皇＿＿＿＿＿。

   a) 公元 221 年統一了中國

   b) 是中國第一個皇帝

   c) 十歲做了皇帝

   d) 花了不到十年就統一了中國

2) 秦始皇＿＿＿＿＿。

   a) 創造了文字

   b) 寫了古書

   c) 培養了文人

   d) 統一了文字、貨幣和度量衡

3) 秦始皇＿＿＿＿＿。

   a) 修了鐵路

   b) 修了道路

   c) 從頭開始修建長城

   d) 為百姓建造了房屋

4) 秦始皇＿＿＿＿＿。

   a) 燒掉了很多古書

   b) 燒死了很多文人

   c) 建了很多墳墓

   d) 在首都建了多處行宮

B 組詞並寫出意思

1) ＿＿＿＿＿王位：＿＿＿＿＿＿＿

2) ＿＿＿＿＿權力：＿＿＿＿＿＿＿

3) ＿＿＿＿＿思想：＿＿＿＿＿＿＿

4) ＿＿＿＿＿王朝：＿＿＿＿＿＿＿

5) ＿＿＿＿＿中國：＿＿＿＿＿＿＿

6) ＿＿＿＿＿制度：＿＿＿＿＿＿＿

7) ＿＿＿＿＿行宮：＿＿＿＿＿＿＿

8) ＿＿＿＿＿文字：＿＿＿＿＿＿＿

24 讀成語，配對

☐ 1) 自強不息 (zì qiáng bù xī)

☐ 2) 一舉兩得 (yì jǔ liǎng dé)

☐ 3) 息息相關 (xī xī xiāng guān)

☐ 4) 事半功倍 (shì bàn gōng bèi)

☐ 5) 依依不捨 (yī yī bù shě)

a) 形容彼此 (bǐ cǐ) 的關係非常密切 (mì qiè)。

b) 形容費力 (fèi lì) 小，收穫大。

c) 形容捨不得 (shě bu de) 離開。

d) 自覺 (zì jué) 努力地向上，永遠不放棄 (fàng qì)。

e) 做一件事得到兩方面的好處。

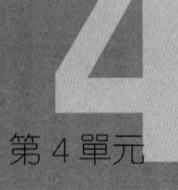

第十一課　休閒娛樂

課文 1

1 用所給詞語填空

| 瀏覽　擴大　攜帶　派發　發現　收集　專欄　閱讀 |

1) 地鐵出口有人_____免費報紙。

2) 我_____免費報紙上的內容很不錯。

3) 我比較關心時事，還會_____體育、娛樂方面的新聞。

4) 免費報紙方便讀者閱讀、_____。

5) 有些內容我只看大標題，有些篇章我會反復_____。

6) 看報不僅可以幫我_____視野、增長知識，而且提高我的閱讀速度。

7) 我一看到好文章就把它剪下來，_____起來。

8) 報紙上的漫畫和旅遊_____很有意思。

2 用所給結構及詞語造句

1) 你這些日子好像每天都看免費報紙。　→

春節　大吃大喝：

2) 地鐵站出口有人派發免費報紙。　→

學校　報考：

3) 跟收費報紙相比，免費報紙上的廣告有點兒多。　→

南方人　麵食：

3 閱讀理解

主版欄目 zhǔ bǎn lán mù

頭條新聞 tóu tiáo

經濟

地產 dì chǎn

娛樂

家居 jiā jū

國內新聞

國際新聞

歷史檔案 dàng àn

圖說今昔 jīn xī

廣告欄目

香港滙豐銀行信用卡優惠折扣 huì fēng xìn yòng kǎ zhé kòu

東海堂糕餅店訂購月餅優惠

家樂超市白酒六折熱賣

一號店網購所有商品半價出售，只限今日 wǎng gòu chū shòu xiàn

會員名稱 huì yuán míng chēng

密碼 mì mǎ

登錄 dēng lù

新會員注冊 zhù cè

忘記密碼

會員優惠

聯繫我們

A 填空

1) _____欄目：第 18 屆上海電影節開幕

2) _____欄目：二線城市的房價大幅下滑

3) _____欄目：怎樣選擇裝修材料

4) _____欄目：第二季度消費指數上升

5) _____欄目：中華人民共和國建國六十周年大閱兵

6) _____欄目：上海老建築攝影展

B 判斷正誤

☐ 1) 上海滙豐銀行的信用卡有優惠活動。

☐ 2) 家樂超市的茅台酒打五折。

☐ 3) 明天在一號店買鞋只需付一半的錢。

4 寫意思

① 漫畫：_____
　　動漫：_____

② 專欄：_____
　　欄目：_____

③ 速度：_____
　　快速：_____

④ 標題：_____
　　標誌：_____

⑤ 增長：_____
　　增加：_____

⑥ 派發：_____
　　發送：_____

⑦ 剪報：_____
　　剪刀：_____

⑧ 擴大：_____
　　擴建：_____

⑨ 反復：_____
　　反面：_____

很多看免費報紙的人都有一個疑問(yí wèn)：免費報紙靠什麼生存(shēng cún)呢？

《星島日報》是香港十大報紙之一，在香港已經有七十年的歷史了。除了《星島日報》以外，報社還開辦(kāi bàn)了一份免費報紙——《頭條日報》。在各個方面《頭條日報》都得到了《星島日報》的大力支持(dà lì zhī chí)。

這兩份報紙不是在搶(qiǎng)讀者，而是互補(hù bǔ)的關係。第一，收費報紙的採編隊伍(cǎi biān duì wu)很大。免費報紙要降低成本(jiàng dī chéng běn)，採編隊伍很小，所以免費報紙以收費報紙的資源(zī yuán)和網站為新聞來源(lái yuán)。第二，收費報紙的質量高、內容多，讀者大多是中、高層人士(rén shì)，而免費報紙的讀者大多是一般民眾(mín zhòng)。第三，收費報紙和免費報紙的內容不同。

除了得到相關支持外，免費報紙的發行量(fā xíng liàng)非常大，可以得到很多廣告商的資金(zī jīn)支持。

A 寫意思

1) 疑問：_____   6) 成本：_____

2) 生存：_____   7) 資源：_____

3) 開辦：_____   8) 來源：_____

4) 互補：_____   9) 民眾：_____

5) 降低：_____   10) 資金：_____

B 選擇（答案不只一個）

1)《星島日報》_____。

   a) 是一份免費報紙

   b) 有很長的歷史

   c) 跟《頭條日報》合作互補

2)《頭條日報》_____。

   a) 得到了《星島日報》的支持

   b) 的讀者都買《星島日報》看

   c) 的發行量很大

C 回答問題

1) 為什麼《星島日報》跟《頭條日報》是互補的？

2) 除了《星島日報》以外，《頭條日報》還得到了什麼支持？

6 完成句子

1) 看報紙時，我一般_____

2) 免費報紙方便讀者閱讀、攜帶，_____

3) 看報紙的時候，有些內容我_____

4) 看報不僅可以幫我擴大視野，_____

5) 我現在養成了剪報的習慣。_____

6) 免費報紙也有不足之處。_____

7 寫意思

① ⎧ 篇章：_____
　 ⎩ 文章：_____

② ⎧ 標題：_____
　 ⎩ 問題：_____

③ ⎧ 收集：_____
　 ⎩ 集中：_____

④ ⎧ 時事：_____
　 ⎩ 事情：_____

⑤ ⎧ 廣告：_____
　 ⎩ 告訴：_____

⑥ ⎧ 全面：_____
　 ⎩ 方面：_____

⑦ ⎧ 報紙：_____
　 ⎩ 報道：_____

⑧ ⎧ 按時：_____
　 ⎩ 按照：_____

⑨ ⎧ 反復：_____
　 ⎩ 複習：_____

8 組詞並寫出意思

1) 派發_____：_____

2) 提高_____：_____

3) 擴大_____：_____

4) 報道_____：_____

5) 瀏覽_____：_____

6) 增長_____：_____

7) 關心_____：_____

8) 養成_____：_____

9) 播放_____：_____

10) 下載_____：_____

11) 預防_____：_____

12) 鍛煉_____：_____

近些年，網絡（wǎng luò）閱讀發展（fā zhǎn）得很快，已經成為人們生活中的一個重要部分。對於摸（mō）着鍵盤（jiàn pán）長大的新一代年輕人，網絡閱讀更加重要。

網絡閱讀有幾大優勢（yōu shì）：第一，閱讀資源豐富。網絡就像一套巨大的百科全書（bǎi kē quán shū），即使是世界上最大的圖書館也比不上它。第二，網絡閱讀方便、快捷（kuài jié）。網絡是繼（jì）報紙、廣播、影視之後的第四媒體（méi tǐ），能同時傳播（chuán bō）大量的文字、圖像、聲音等各種信息。網絡還不受時空（shí kōng）的限制（xiàn zhì），可以連接（lián jiē）全球。第三，網絡閱讀更個（gè）性化（xìng huà）。讀者就好像在網絡裏"衝（chōng）浪（làng）"，喜歡什麼就讀什麼。第四，網絡閱讀可以互動（hù dòng）。讀者在閱讀的過程中可以跟其他讀者或作者互動交流。

網絡閱讀目前還有一些局（jú）限（xiàn），比如電池（diàn chí）需要經常充電（chōng diàn），需要能上網的環境等。

A 寫意思

1) 網絡：＿＿＿＿＿
2) 鍵盤：＿＿＿＿＿
3) 優勢：＿＿＿＿＿
4) 快捷：＿＿＿＿＿
5) 媒體：＿＿＿＿＿
6) 傳播：＿＿＿＿＿
7) 限制：＿＿＿＿＿
8) 衝浪：＿＿＿＿＿
9) 互動：＿＿＿＿＿
10) 電池：＿＿＿＿＿

B 判斷正誤

☐ 1) 網上有各種各樣的閱讀資源。
☐ 2) 網絡被稱為"第一媒體"。
☐ 3) 文字信息可以通過網絡傳到世界各地。
☐ 4) 網絡閱讀不受時間和空間的限制。
☐ 5) 網絡閱讀的讀者可以跟作者互動交流。
☐ 6) 不用上網也能網絡閱讀。

C 回答問題

1) 媒體有哪幾種？

2) 網絡能同時傳播哪些信息？

3) 現在網絡閱讀有哪些局限？

10 造句

① 內容　全面：

② 篇章　仔細：

③ 速度　習慣：

④ 廣告　唯一：

11 看圖寫短文

①

②

③

④

你可以用

a) 免費報紙的版面很小，方便讀者閱讀、攜帶。

b) 報上的內容非常豐富，有時事、政治、體育、娛樂、時尚等方面的內容。

c) 上班族和學生都喜歡讀免費報紙。

d) 讀免費報紙不僅可以開闊眼界，還能增長知識。

e) 他坐過站了，上學遲到 chí dào 了。

課文 2

12 用所給詞語填空

1) 我是在美國出生、_____的華僑。

2) 我對太極拳和太極劍_____了極大的興趣。

3) 三年前的一個早晨，爺爺帶我去公園_____。

4) 我一下子就讓一羣打太極拳的人_____住了。

5) 回到美國後我_____打太極拳、練太極劍。

6) 我還開了一個博客，_____我學太極拳的過程和體會。

7) 我把我拍的北京人晨練的錄像_____到網上跟朋友分享。

8) 我_____練太極拳和太極劍可以強身健體，是很好的業餘愛好。

介紹	長大
堅持	上傳
覺得	產生
散步	迷

13 寫意思

① 華僑：_____
　華裔：_____

② 堅持：_____
　支持：_____

③ 錄像：_____
　錄音：_____

④ 體會：_____
　身體：_____

⑤ 產生：_____
　出生：_____

⑥ 長進：_____
　進步：_____

⑦ 上傳：_____
　傳統：_____

⑧ 增長：_____
　增加：_____

⑨ 經過：_____
　路過：_____

14 組詞並寫出意思

1) 業餘_____：_____

2) 強身_____：_____

3) 娛樂_____：_____

4) 時事_____：_____

5) 傳統_____：_____

6) 現代_____：_____

164

15 閱讀理解

樂富小區俱樂部簡章
(jù lè bù jiǎn zhāng)

1) 申請入會必須先交人民幣 5000 元押金。
(bì xū) (yā jīn)

2) 會費每個月人民幣 350 元。
(huì fèi)

3) 每個家庭除了主會員以外，可以帶兩名成人和兩名兒童。

4) 會所設有健身房、壁球室、乒乓球室、網球場、羽毛球場、鋼琴室、兒童娛樂室、報刊閱覽室和多功能廳。會所還有一個 50 米的露天游泳池、一個 25 米的室內游泳池和桑拿室。除了兒童娛樂室和報刊閱覽室免費以外，使用其他設施需要另收費。
(bì qiú) (bào kān) (lù tiān) (sāng ná) (shǐ yòng)

5) 會所可以邀請專業人士為兒童開辦鋼琴課、繪畫班、舞蹈班、跆拳道班、象棋班、武術班以及各種球類班；為成人開辦太極拳班、太極劍班、瑜伽班等。這些班需要另收費。
(yāo qǐng) (tái quán dào) (yú jiā)

6) 預訂場地時請攜帶會員證。
(yù dìng chǎng dì)

A 寫意思

1) 必須：＿＿＿＿　　6) 露天：＿＿＿＿

2) 押金：＿＿＿＿　　7) 使用：＿＿＿＿

3) 會費：＿＿＿＿　　8) 邀請：＿＿＿＿

4) 壁球：＿＿＿＿　　9) 預訂：＿＿＿＿

5) 報刊：＿＿＿＿　　10) 場地：＿＿＿＿

B 判斷正誤

☐ 1) 一年的會費是 350 元。

☐ 2) 每家最多有四個會員。

☐ 3) 會所裏有飯店。

☐ 4) 會員可以在會所裏看報紙。

☐ 5) 會所有兩個游泳池。

☐ 6) 用會所的桑拿室要另付費。

☐ 7) 會所可以為兒童開舞蹈班。

☐ 8) 會所為大人免費開了太極拳班。

C 回答問題

1) 新會員入會時一共要交多少錢？

2) 如果想預訂乒乓球室，要帶什麼？要付費嗎？

16 用所給結構及詞語造句

1) 我一方面是想多陪陪爺爺奶
奶，另一方面是想學漢語。 →

中文　瞭解：

2) 我一下子就讓一羣打太極拳
的人迷住了。 →

愛上　長進：

3) 經過勤學苦練，我的太極拳
大有長進。 →

漢語　水平：

17 寫意思

老	頭	兒	子
·老公：	·木頭：	·花兒：	·筷子：
·老婆：	·石頭：	·畫兒：	·勺子：
·老外：	·拳頭：	·鳥兒：	·刀子：
·老虎：	·骨頭：	·魚兒：	·叉子：
·老鼠：	·罐頭：	·頭兒：	·盤子：
·老大：	·裏頭：	·塊兒：	·杯子：
·老二：	·前頭：	·空兒：	·刷子：

18 閱讀理解

我們一家人都喜歡運動。我們常去附近的健身(jiàn shēn)中心和體育中心做運動。下面我來介紹一下這兩個地方。

我們常去的健身中心在一座商業大廈(dà shà)裏。那裏有各種各樣的健身設備(shè bèi),有跑步機、划船器(huá chuán)、提舉(tí jǔ)訓練器等。中心提供各種訓練課程,還可以找私人(sī rén)教練量身(liáng shēn)定做(dìng zuò)自己的健身課程。

體育中心離健身中心不遠。體育中心有三個游泳池:一個室內泳池、一個室外泳池和一個兒童泳池。體育中心還有一個很大的體育館,可以容納(róng nà)上千人。體育館裏有籃球場、網球場、乒乓球室和多功能活動室。我和朋友經常去那裏打球。

去健身中心和體育中心是我們一家人生活中不可缺少(bù kě quē shǎo)的一部分。我們每個星期至少去做兩三次運動。

A 寫意思

1) 健身:＿＿＿　　2) 大廈:＿＿＿

3) 設備:＿＿＿　　4) 私人:＿＿＿

5) 量身定做:＿＿＿＿＿＿＿＿＿＿

B 配對

☐ 1) 健身中心

☐ 2) 健身中心的教練

☐ 3) 體育中心

☐ 4) 體育中心的游泳池

　　a) 可以設計私人健身課程。

　　b) 在體育中心舉行。

　　c) 在一座商業大廈裏。

　　d) 離健身中心挺近的。

　　e) 有室外的,也有室內的。

　　f) 生活中不可缺少的一部分。

C 回答問題

1) 健身中心有哪些健身設備?

2) 除了健身設備,健身中心還提供什麼?

3) 在體育中心可做什麼運動?

太極拳 創始於清朝初期。在太極拳流傳的過程中出現了很多流派，其中楊式太極拳最有名。

太極拳運用了中國古代的陰陽學說和中醫理論，是一種形式獨特的傳統拳法。打太極拳要求身體放鬆，動作柔和緩慢，保持弧形、連貫。

太極拳有以下的健身功效：

第一，調節神經系統。打太極拳要求心平氣和、速度均勻，思想要集中。

第二，調節呼吸系統。打太極拳要求全身肌肉放鬆，有節奏地呼吸，使身體裏的氣血暢通。

第三，調節消化系統。有節奏地呼吸對腸胃有刺激作用，能改善消化系統的血液循環，提高消化吸收功能。

第四，調節運動系統。打太極拳要求全身肌肉都參加運動，可以使骨骼得到鍛煉。

太極拳以其獨特的形式和顯著的健身功效，受到不同年齡人們的喜愛，是一項很受歡迎的活動。

A 寫意思

1) 形式獨特：＿＿＿＿＿＿

2) 動作柔和：＿＿＿＿＿＿

3) 心平氣和：＿＿＿＿＿＿

4) 速度均勻：＿＿＿＿＿＿

5) 血液循環：＿＿＿＿＿＿

B 選擇（答案不只一個）

1) 太極拳＿＿＿＿＿＿。

   a) 清朝初期非常流行

   b) 只有一種流派

   c) 是一種傳統拳術

   d) 深受人們的喜愛

2) 太極拳能使人＿＿＿＿＿＿。

   a) 肌肉放鬆

   b) 氣血更通暢

   c) 消化吸收功能更好

   d) 長得更高

C 回答問題

1) 太極拳有哪些健身功效？

2) 太極拳為什麼很受歡迎？

20 填量詞

1) 一＿＿＿師傅　　2) 一＿＿＿文章　　3) 一＿＿＿豆漿　　4) 一＿＿＿蛋糕

5) 一＿＿＿作文　　6) 一＿＿＿油畫　　7) 一＿＿＿鮮花　　8) 一＿＿＿牛肉

9) 一＿＿＿字典　　10) 一＿＿＿圍巾　　11) 一＿＿＿外套　　12) 一＿＿＿樓房

21 閱讀理解

　　我從小就喜歡運動。小時候跟家人去旅遊時，我看到有人在路邊練，覺得很有意思。回到家後我參加了一個泰拳班。經過一時間的學習，我學會用雙拳、雙腿、雙、雙。我很喜歡這種"八條腿的運動"。

　　打了幾年泰拳後，我又對產生了興趣，報名參加了擊劍班。我發現原來擊劍沒有那麼容易，擊劍服又重又，戴上，就更了。經過幾年的勤學苦練，我的擊劍技術有了很大的長進。去年我在全市的擊劍比賽中獲得了第四名。

　　我認為運動不僅能強身健體，還能培養，是非常好的業餘愛好。

A 配對

□ 1) 他第一次看到有人打泰拳

□ 2) 打泰拳要用

□ 3) 擊劍要戴護面，

□ 4) 運動不僅可以強身健體，

a) 還要穿又重又厚的擊劍服。

b) 雙拳、雙腿、雙膝和雙肘。

c) 擊劍技術大有長進。

d) 還可以培養意志力。

e) 是在泰國旅行的時候。

f) 會繼續練擊劍。

B 寫短文

寫博客介紹你的愛好。你要寫：

· 你的愛好是什麼

· 你是從什麼時候開始有這個愛好的

· 你有沒有老師 / 師傅

· 你經常練習嗎

· 你有什麼長進及感想

末代皇帝

愛新覺羅・溥儀是中國歷史上最後一個皇帝，也叫末代皇帝。

1908 年，年僅三歲的溥儀被皇太后慈禧立為皇帝。三年後，辛亥革命爆發，清朝統治結束，溥儀被迫退位。之後，雖然溥儀在紫禁城裏繼續享受着皇帝般的生活，但實際上他更像紫禁城裏的一名"囚犯"。1924 年，十八歲的溥儀被趕出了紫禁城，到天津投靠了日本人。1931 年九一八事變後，日本佔領了中國的東北三省。1934 年，日本讓溥儀做了偽"滿洲國"的皇帝。雖然是皇帝，但溥儀沒有任何權力。1945 年第二次世界大戰結束後，溥儀被蘇聯軍隊抓獲，後來被送回了中國東北的監獄。1959 年出獄後，他在北京植物園工作。1967 年，溥儀病逝，走完了不尋常的一生。

生詞

① 愛新覺羅・溥儀 ài xīn jué luó · pǔ yí Aisin Gioro Puyi (1906-1967), the last emperor of the Qing Dynasty

② 皇太后 huáng tài hòu empress dowager

③ 慈禧 cí xǐ Empress Dowager Cixi (1835-1908)

④ 立 lì ascend the throne

⑤ 辛亥革命 xīn hài gé mìng the Revolution of 1911 (led by Dr. Sun Yat-sen which overthrew the Qing Dynasty)

⑥ 爆發 bào fā break out

⑦ 清朝 qīng cháo Qing Dynasty (1616-1911)

⑧ 統治 tǒng zhì control

⑨ 結束 jié shù end

⑩ 被迫 bèi pò be forced to

⑪ 退位 tuì wèi abdicate

⑫ 紫禁城 zǐ jìn chéng the Forbidden City

⑬ 享受 xiǎng shòu enjoy

⑭ 般 bān kind

⑮ 實際 shí jì reality

⑯ 囚犯 qiú fàn prisoner

⑰ 趕 gǎn drive out

⑱ 天津 tiān jīn Tianjin

⑲ 投靠 tóu kào go and seek refuge with someone

⑳ 九一八事變 jiǔ yī bā shì biàn September 18th Incident (seizure of Shenyang on 18th September 1931 by the Japanese)

㉑ 佔領 zhàn lǐng occupy

㉒ 偽 wěi puppet

㉓ 滿洲國 mǎn zhōu guó Manchukuo (a puppet regime created in China's northeastern provinces by the Japanese imperialists, 1932-1945)

㉔ 任何 rèn hé any

㉕ 第二次世界大戰 dì èr cì shì jiè dà zhàn the Second World War

㉖ 蘇聯 sū lián Soviet Union

㉗ 抓獲 zhuā huò capture

㉘ 監獄 jiān yù prison

㉙ 出獄 chū yù be released from prison

㉚ 植物園 zhí wù yuán botanical garden

㉛ 尋常 xún cháng usual

㉜ 一生 yì shēng lifetime

A 填表

溥儀	出生時間：		做皇帝的時間：
退位時間：			離開紫禁城的時間：
做偽"滿洲國"皇帝的時間：			
出獄時間：			去世時間：

B 回答問題

1) 溥儀幾歲就做了皇帝？

2) 溥儀為什麼被叫作"末代皇帝"？

3) 離開紫禁城後，溥儀去了哪裏？

4) 溥儀做偽"滿洲國"皇帝時有哪些權力？

5) 溥儀出獄後在哪裏工作？

C 寫意思

① { 末代：＿＿＿＿ 年代：＿＿＿＿ }　② { 囚犯：＿＿＿＿ 犯人：＿＿＿＿ }　③ { 投靠：＿＿＿＿ 依靠：＿＿＿＿ }　④ { 病逝：＿＿＿＿ 逝世：＿＿＿＿ }

23 讀成語，配對

□ 1) 美味佳餚
   měi wèi jiā yáo

□ 2) 走馬觀花
   zǒu mǎ guān huā

□ 3) 發揚光大
   fā yáng guāng dà

□ 4) 栩栩如生
   xǔ xǔ rú shēng

□ 5) 馬到成功
   mǎ dào chéng gōng

a) 用來祝賀別人迅速、容易地成功。
   zhù hè　　xùn sù

b) 繼續發展，並不斷提高。

c) 精緻可口的飯菜。
   jīng zhì kě kǒu

d) 形容不深入細緻地觀察事物。
   shēn rù xì zhì　guān chá shì wù

e) 指藝術形象非常逼真，像活的一樣。
   zhǐ yì shù xíng xiàng　　bī zhēn

第十二課　關愛社會

課文 1

1 用所給詞語填空

> 體會　照顧　觀察　自理　推　擦　繼續　體驗　遇到　整理

1) 老人院裏的老人有些行動不便，有些不能_____。

2) 我幫老人_____衣物，還給他們讀報。

3) 我常_____着坐輪椅的老人出去曬太陽。

4) 我為養老院_____地，做一些清潔工作。

5) 在做義工的過程中我_____了一些困難。

6) 開始時我不知道應該從何做起，後來我慢慢學習_____老人。

7) 我_____到有些老人很孤獨，我們應該多關愛他們。

8) 通過做義工我_____到了幫助別人的快樂。

9) 做義工是一件很有意義的事。我今後會_____做義工。

10) 做義工讓我在_____生活的同時也為社會做了貢獻。

2 寫意思

① ｛社區：_____　社會：_____

② ｛經驗：_____　經歷：_____

③ ｛嬌生慣養：_____　嬌氣：_____

④ ｛自理：_____　自動：_____

⑤ ｛清潔：_____　整潔：_____

⑥ ｛孤獨：_____　孤立：_____

⑦ ｛觀察：_____　考察：_____

⑧ ｛貢獻：_____　貢品：_____

⑨ ｛公益：_____　良師益友：_____

3 閱讀理解

義工計劃

目的：讓青年人由參加者變成策劃者；幫助青年人全面發展，提升個人素質；提高青年人多角度思考和解決問題的能力。

日期：2015年9月1日至2016年6月30日每週六下午4點至6點

地點：明陽小學

服務對象：明陽小學的學生

工作內容：1) 幫助有困難的家庭照看子女

2) 教小學生合理安排時間

3) 為小學生補習英文、中文、數學

申請人條件：16至18歲的高中生熱心公益、做事可靠

參加人數：20人

報名日期：2015年6月15日之前

連絡人：王老師

電話：021-62818156

電子郵箱：volunteer@hotmail.com

A 寫意思

1) 目的：_____
2) 發展：_____
3) 提升：_____
4) 思考：_____
5) 對象：_____
6) 照看：_____

B 選擇（答案不只一個）

1) 義工計劃的目的是_____。

a) 幫高中生提升解決問題的能力
b) 給高中生機會成為策劃者
c) 給高中生機會交新朋友
d) 幫高中生全面發展

2) 加入義工計劃的高中生_____。

a) 可能去照顧低年級的學生
b) 性格內向，做事認真
c) 一共有20人
d) 曾經就讀於明陽小學

C 回答問題

1) 義工計劃對申請人有什麼要求？

2) 義工計劃怎麼報名？

4 用所給結構及詞語造句

1) 做義工讓我在體驗生活的同 →
   時也為社會做了貢獻。

   閱讀　提高：

2) 在做義工的過程中，你遇到 →
   了哪些困難？

   太極拳　感受：

3) 通過做義工我體會到了幫助 →
   別人的快樂。

   觀察　關愛：

5 填量詞

1) 一____例子　　2) 一____教授　　3) 一____作文　　4) 一____老人院

5) 一____豆漿　　6) 一____雜誌　　7) 一____大餅　　8) 一____巧克力

9) 一____師傅　　10) 一____文章　　11) 一____醬油　　12) 一____營養師

13) 一____城市　　14) 一____空調　　15) 一____龍蝦　　16) 一____太陽鏡

6 造句

1) 讀報　整理：　　　　　　2) 公益活動　體會：

3) 做貢獻　意義：　　　　　4) 聊天兒　曬太陽：

7 完成句子

1) 我做過義工。我以前_____

2) 在養老院，我的工作是_____

3) 在做義工的過程中，我_____

4) 我今後會堅持做義工。我_____

8 閱讀理解

青少年服務中心

　　如果你在生活、學習、家庭或交友方面遇到了困擾，"青少年服務中心"可以幫助你！

　　本中心可以認真聆聽你的困難，幫你找到解決問題的方法；幫你找補習老師，解決學習上的困難；組織、安排講座、比賽；組織青少年參與社會活動；為處於不利環境的青少年提供支援服務。

　　你可以通過以下方式與本中心聯繫：

1) 寫信（地址：北京學院路 78 號）

2) 發電郵（郵箱：youthcentre@qq.com）

3) 打電話（熱線電話：010-68766666）

　　如果你想對本中心有更多瞭解，可以訪問網站 www.youthcentre.cn。

A 選擇（答案不只一個）

來青少年服務中心的學生____。

a) 可能在學習上遇到了困難

b) 可能想參加活動

c) 都自理能力差，嬌生慣養

B 回答問題

1) 可以怎麼聯繫青少年服務中心？

2) 可以在哪裏找到更多關於青少年服務中心的信息？

光華中學義賣會

義賣會時間：2016 年 4 月 17 日上午 10 點至下午 4 點

義賣會地點：光華中學禮堂

收集物品類別：

1) 全新或乾淨的二手衣物、鞋帽、背包、手袋等。

2) 可以正常使用的家用電器，如電腦、傳真機、打印機等。

3) 全新或二手文具、玩具（沒有破損）、禮品、書籍等。

＊注意：義賣會不接受家具、藥品、二手牀上用品。

義賣會當日還有食品攤位。歡迎老師和家長捐獻各種風味的美食、糕餅點心。為了保證食品新鮮美味，請各位當天上午 10 點以後把食品送到學校禮堂。其他捐獻的物品請在 4 月 10 日以前送到校務處。義賣會當天需多位家長幫忙。請有意者跟校務處主任胡老師聯繫。

光華中學家長教師協會

2016 年 3 月 10 日

A 寫意思

1) 義賣：＿＿＿＿

2) 收集：＿＿＿＿

3) 類別：＿＿＿＿

4) 背包：＿＿＿＿

5) 正常：＿＿＿＿

6) 禮品：＿＿＿＿

7) 攤位：＿＿＿＿

8) 捐獻：＿＿＿＿

B 回答問題

義賣會不賣什麼？

C 判斷正誤

☐ 1) 義賣會晚上十點結束。

☐ 2) 義賣會收集的物品中有新貨也有舊貨。

☐ 3) 義賣會收集的物品中沒有電器。

☐ 4) 家長一定要捐獻糕餅點心。

☐ 5) 捐獻的物品要提前送到學校。

☐ 6) 義賣會當天需要家長幫忙。

☐ 7) 想去義賣會幫忙的家長要聯繫胡老師。

10 填動詞

1) _____衣物　2) _____義工　3) _____麻將　4) _____太陽

5) _____疾病　6) _____身體　7) _____視野　8) _____太極劍

9) _____電影　10) _____報紙　11) _____網頁　12) _____資料

13) _____知識　14) _____信息　15) _____字典　16) _____音樂

11 看圖寫短文

①

②

③

④

你可以用

a) 最近一段時間，我在一家孤兒院做義工。

b) 我幫孤兒院擦地、做一些清潔工作。

c) 我教孩子們唱歌、說英語，還給他們講故事。
<small>jiǎng gù shi</small>

d) 我觀察到孤兒院的孩子們挺孤獨的，需要更多的關愛。

e) 做義工不僅可以體驗生活，而且可以為社會做貢獻。

12 用所給詞語填空

| 成功　趕上　滿意　舉辦　組織　配合　提供　體驗　再用　分類 |

1) 上個星期我們在全校＿＿＿＿了"環保週"活動。

2) "環保週"活動辦得非常＿＿＿＿。

3) 週一餐廳跟我們＿＿＿＿，當天只賣素食。

4) 週二剛好＿＿＿＿"地球一小時"日。

5) "地球一小時"日同學們＿＿＿＿了沒有電的感受。

6) 週三，餐廳不＿＿＿＿一次性的塑料刀、叉子、勺子等餐具。

7) 同學們要將所有飲料罐、玻璃瓶等＿＿＿＿放進回收箱。

8) 一週下來，最讓我們＿＿＿＿的是學校的垃圾比以前少了。

9) 我們應該經常＿＿＿＿環保活動。

10) 同學們慢慢地養成了節約、＿＿＿＿、回收的好習慣。

13 造句

① 對……滿意　效果：

④ 跟……配合　成功：

② 對……嚴格　要求：

⑤ 跟……學　迷：

③ ……感興趣　專業：

⑥ 跟……見面　節日：

14 閱讀理解

各位老師、同學：

大家好！

我是學校環保大使黃亞南。現在我來介紹一下環保週的安排。

星期一是"世界地球日"。除了實驗室以外的每間教室，九點到十點將關掉所有電燈、電扇、空調。

星期二正好趕上學校的運動會。學校環保小組的同學會定時到觀眾席撿垃圾，當場分類回收。

星期三中午學生會和環保小組聯合舉辦音樂會，宣傳環保的重要性。另外，請各班的環保代表課間休息時間去學校花園領取一盆植物，參加植物領養比賽。兩個星期後植物最健康的班級獲勝。

星期四下午四點到六點環保小組會組織同學們去海灘撿垃圾。請希望參加活動的同學給學生會主席發電郵。出發時間和集合地點會在星期三公佈。

星期五是環保綠色便裝日。請同學們穿綠色的便服來學校。

我的發言結束了。謝謝大家！

A 寫意思

1) 大使：＿＿＿

2) 定時：＿＿＿

3) 觀眾：＿＿＿

4) 當場：＿＿＿

5) 聯合：＿＿＿

6) 宣傳：＿＿＿

7) 代表：＿＿＿

8) 領養：＿＿＿

9) 獲勝：＿＿＿

10) 公佈：＿＿＿

B 判斷正誤

□ 1) 星期一全校的燈和空調都不開。

□ 2) 在星期二的運動會上，垃圾撿回來後馬上分類回收。

□ 3) 星期三公佈植物領養比賽的獲勝者。

□ 4) 星期四全校師生都去海灘撿垃圾。

□ 5) 星期五學生穿綠色的便服上學。

15 讀一讀，想一想

你這樣做嗎？

	總是	經常	有時	很少	從來不
1) 回收報紙、雜誌					
2) 回收玻璃瓶、塑料瓶					
3) 回收飲料罐					
4) 回收電池					
5) 隨手關水龍頭					
6) 隨手關燈、關空調					
7) 把空調溫度調得很低					
8) 買瓶裝水					
9) 洗澡洗很長時間					
10) 自己帶餐具上學					
11) 把吃剩的食物打包帶走					
12) 乘坐公交車外出					
13) 看到喜歡的衣服和鞋帽就買					
14) 自備購物袋					
15) 重複使用塑料袋					

16 寫意思

① { 配合：＿＿＿＿＿＿＿
     分配：＿＿＿＿＿＿＿

② { 節約：＿＿＿＿＿＿＿
     節省：＿＿＿＿＿＿＿

③ { 廢紙：＿＿＿＿＿＿＿
     廢物：＿＿＿＿＿＿＿

④ { 關燈：＿＿＿＿＿＿＿
     開關：＿＿＿＿＿＿＿

⑤ { 隨手：＿＿＿＿＿＿＿
     隨時：＿＿＿＿＿＿＿

⑥ { 滿意：＿＿＿＿＿＿＿
     滿足：＿＿＿＿＿＿＿

17 閱讀理解

近年來，環保團體鼓勵大家多吃素、少吃肉。這樣可以減少二氧化碳的排放量，節約用來飼養動物的穀類和其他資源，延緩氣候變暖，拯救地球。

請看以下幾組數字：生產一公斤牛肉需要消耗十六公斤穀類、十萬公升水（是生產一公斤麥子需要水的一百一十倍），會產生三十六公升二氧化碳（相當於開三小時車）。

雖然生產其他肉類比生產牛肉消耗的資源少一些，但是不難看出，生產穀物和蔬菜消耗的資源少得多。由此可見，吃素是對抗氣候變暖、保護環境的好方法。

吃素不僅環保，還對我們的健康非常有利。吃素可以減少心臟病、肥胖症、糖尿病等富貴病。吃素還有抗癌的作用。研究顯示，蘆筍、甜椒、胡蘿蔔等蔬菜都有抗癌的功效。

A 寫意思

1) 團體：＿＿＿＿　　6) 消耗：＿＿＿＿

2) 減少：＿＿＿＿　　7) 公升：＿＿＿＿

3) 氣候：＿＿＿＿　　8) 麥子：＿＿＿＿

4) 數字：＿＿＿＿　　9) 研究：＿＿＿＿

5) 生產：＿＿＿＿　　10) 功效：＿＿＿＿

B 判斷正誤

☐ 1) 生產一公斤牛肉要用十萬公升水。

☐ 2) 生產一公斤牛肉排放的二氧化碳相當於開三小時車。

☐ 3) 生產豬肉比牛肉用的資源少。

☐ 4) 吃素是保護環境的好方法。

☐ 5) 吃素的人不會得富貴病。

☐ 6) 一些蔬菜有抗癌的功效。

C 回答問題

1) 吃素對保護環境有哪些幫助？

2) 什麼病是富貴病？

3) 吃素對身體健康有什麼好處？

18 想一想，寫一寫

1) 騎自行車的好處：...

- · · ·
- · ·
- · ·

2) 吃素的好處：...

- · ·
- · ·
- · ·

3) 節約、再用、回收的好處：...

- · ·
- · ·
- · ·

你可以用

a) 可以鍛煉身體。

b) 可以欣賞路上的風景。

c) 保護環境。

d) 節約用水。

e) 廢物利用。

f) 使身體更健康。

g) 減少污染。 *wū rǎn*

h) 降低得現代疾病的風險。 *fēng xiǎn*

19 填量詞

1) 一＿＿＿汽水　　2) 一＿＿＿帽子　　3) 一＿＿＿墨水　　4) 一＿＿＿幼兒園

5) 一＿＿＿尺子　　6) 一＿＿＿橡皮　　7) 一＿＿＿毛筆　　8) 一＿＿＿養老院

9) 一＿＿＿圍巾　　10) 一＿＿＿外套　　11) 一＿＿＿鮮花　　12) 一＿＿＿明信片

13) 一＿＿＿筷子　　14) 一＿＿＿皮鞋　　15) 一＿＿＿耳機　　16) 一＿＿＿連衣裙

20 根據實際情況回答問題

① 你們家在環保方面有哪些做得不好的地方？

- ·
- ·

② 你們家在環保方面還應該做些什麼？

- ·
- ·

21 閱讀理解

環保其實沒那麼難。我們每個人都可以從日常生活中的小事做起。離開房間時，應該隨手關燈、關空調。洗澡時，可以儘(jǐn liàng)量洗快一點兒。做飯時，可以留下洗菜的水去澆(jiāo)花。外出時，應該多乘公交車或騎自行車。購物時，應該自備環保購物袋。

除了節約能源(néng yuán)外，綠化環境也很重要。我們可以參加植樹(zhí shù)活動，還可以在家裏的陽台上種一些植物。這樣不僅能美化環境，我們還能獲得樂趣(lè qù)、培養耐心。

最後，還要注意資源回收、再利用。我們吃剩(shèng)的飯、做菜的剩餘材料(shèng yú cái liào)可以回收製成肥料(zhì chéng féi liào)。我們用完的飯盒(fàn hé)、玻璃瓶、飲料罐也可以回收、再利用。這樣不僅能變廢為寶，還能減少污染(wū rǎn)，一舉兩得(yì jǔ liǎng dé)。

如果每個人都能從我做起，從現在做起，環保就不那麼難了。

A 寫意思

1) 儘量：_____   4) 樂趣：_____

2) 能源：_____   5) 剩餘：_____

3) 植樹：_____   6) 污染：_____

B 選擇（答案不只一個）

1) 為了節約能源，我們應該____。

a) 隨手關空調

b) 多坐公交車

c) 把剩飯、剩菜變成植物

d) 自備購物袋

2) 做好環保工作可以____。

a) 節約能源

b) 美化環境

c) 變廢為寶

d) 減少污染

C 寫短文

給環保報寫一篇文章，介紹你們學校舉辦的環保活動。你要寫：

• 你們學校舉辦了哪些活動

• 你參加了什麼活動

• 活動的效果怎麼樣

• 你有什麼感想

孫中山

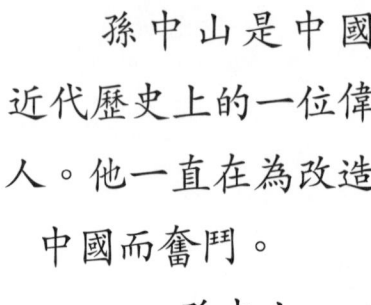

孫中山是中國近代歷史上的一位偉人。他一直在為改造中國而奮鬥。

孫中山 1866 年生於廣東省香山縣的一個貧窮的農民家庭。十三歲時，他去美國夏威夷接受教育，後來又到香港讀書。長大以後，因為當時的清政府腐敗無能，所以孫中山決定為改造國家出一份力。1892 年，二十六歲的孫中山以優異的成績從香港西醫書院畢業，之後在澳門、廣州一帶以行醫為名和一些愛國青年從事革命活動。經過多年的努力，1911 年 10 月 10 日，孫中山領導的革命黨人發動了武昌起義，並得到了全國的支持，成立了中華民國。孫中山當選為中華民國臨時大總統。因為 1911 年是農曆辛亥年，所以這次革命又叫"辛亥革命"。辛亥革命推翻了中國的最後一個封建王朝——清朝，為中國歷史翻開了新的一頁。

生詞

❶ 孫中山 sūn zhōng shān Sun Yat-sen (1866-1925), leader of China's modern democratic revolution

❷ 近代 jìn dài modern times **❸ 偉人** wěi rén great man

❹ 改造 gǎi zào reform **❺ 奮鬥** fèn dòu strive

❻ 廣東省 guǎng dōng shěng Guangdong Province

❼ 香山縣 xiāng shān xiàn Xiangshan county

❽ 貧窮 pín qióng poor **❾ 農民** nóng mín farmer

❿ 夏威夷 xià wēi yí Hawaii

⓫ 接受教育 jiē shòu jiào yù be educated

⓬ 政府 zhèng fǔ government **⓭ 腐敗** fǔ bài corrupt

⓮ 無能 wú néng incapable

⓯ 出力 chū lì make great efforts

⓰ 份 fèn part; a measure word

⓱ 優異 yōu yì excellent **⓲ 澳門** ào mén Macao

⓳ 行醫 xíng yī practice medicine

⓴ 名 míng excuse **㉑ 愛國** ài guó patriotic

㉒ 從事 cóng shì engage **㉓ 領導** lǐng dǎo lead

㉔ 黨 dǎng party **㉕ 發動** fā dòng launch

㉖ 武昌起義 wǔ chāng qǐ yì the Wuchang Uprising (10th October 1911)

㉗ 中華民國 zhōng huá mín guó Republic of China (1912-1949)

㉘ 當選 dāng xuǎn be elected **㉙ 臨時** lín shí provisional

㉚ 大總統 dà zǒng tǒng president

㉛ 推翻 tuī fān overthrow **㉜ 翻** fān turn

A 填表

孫中山	出生時間：		出生地：	
受教育的地方：			畢業時間：	
"行醫"地點：				
武昌起義時間：			武昌起義的別稱：	

B 判斷正誤

☐ 1) 孫中山的父母非常有錢。

☐ 2) 孫中山先後在夏威夷和香港接受教育。

☐ 3) 孫中山在美國當過醫生。

☐ 4) 孫中山當過中華民國的臨時大總統。

☐ 5) 清朝是中國最後一個封建王朝。

☐ 6) 辛亥革命結束了清朝的統治。

C 回答問題

1) 孫中山為什麼決定從事革命活動？

2) 畢業以後，孫中山在哪裏從事革命活動？

3) 武昌起義是誰發動的？

4) 為什麼武昌起義又叫辛亥革命？

23 讀成語，配對

☐ 1) 日新月異
rì xīn yuè yì

a) 形容反應快，口才好。
fǎn yìng　　kǒu cái

☐ 2) 對答如流
duì dá rú liú

b) 形容人的眉目、面貌秀麗俊俏。
méi mù　　miàn mào xiù lì jùn qiào

☐ 3) 苦口婆心
kǔ kǒu pó xīn

c) 品德和學識都很優異，全面發展。
pǐn dé　　xué shí　　yōu yì

☐ 4) 眉清目秀
méi qīng mù xiù

d) 每天、每月都有新氣象。形容事物進步很快。
qì xiàng

☐ 5) 品學兼優
pǐn xué jiān yōu

e) 比喻善意而又耐心地勸導。
shàn yì　　quàn dǎo

第十課　現代科技

課文 1　年輕人　對　清楚　用途　娛樂　扮演　角色　查　資料　省　打字　整齊　改　社交網　信息　瀏覽　網頁　新聞　空兒　下載　難道　代替　確實　盯　視力　放心

課文 2　隨時　陪伴　身邊　聯絡　按　鍵　發生　立刻　報道　忘記　照相　要是……也……　時刻　攝像　放鬆　播放　算數　幫手　字典　鬧鐘　叫　按時　肯定　智能手機　即使……也……　依賴

第十一課　休閒娛樂

課文 1　日子　好像　報紙　出口　派發　有　時事　政治　漫畫　專欄　讀者　攜帶　全面　標題　仔細　篇章　反復　廣告　收費　相比　唯一　擴大　視野　增長　速度　剪報　收集

課文 2　華僑　太極拳　劍　產生　早晨　一下子　羣　人羣　迷　讓　老年人　青年人　外國人　師傅　跟　經過　勤學苦練　大有長進　錄像　上傳　業餘　強身　心情

第十二課　關愛社會

課文 1　社區　經驗　段　老人院　養老院　行動　不便　自理　整理　衣物　打麻將　推　輪椅　曬太陽　清潔　嬌生慣養　幹活兒　何　成就感　感受　觀察　孤獨　關愛　公益　今後　意義　體驗　同時　社會　貢獻

課文 2　環保　成功　配合　當天　素食　剛好　趕上　地球　關　掉　電燈　節能　節約　塑料　一次性　勺子　餐具　回收　罐　廢紙　袋　玻璃　將　滿意　隨手　舉辦　再用

句型：

1) 難道沒有電腦就不能學習、生活了嗎？

2) 在電腦前坐太久，視力是會受影響。

3) 有些內容我只看大標題，有些會仔細讀，還有些篇章會反復閱讀。

4) 跟收費報紙相比，免費報紙上的廣告有點兒多。

5) 我每個暑假都去北京。我一方面是想多陪陪爺爺奶奶，另一方面是想學漢語。

6) 我一下子就讓一羣打太極拳的人迷住了。

7) 他們都在跟一位師傅學太極拳。

8) 做義工讓我在體驗生活的同時也為社會做了貢獻。

9) 同學們要將所有飲料罐、廢紙、塑料袋、玻璃瓶等分類放進回收箱。

10) 最讓我們滿意的是學校的垃圾比以前少了。

問答：

1) 除了這些，你還用電腦做什麼？ 我用電腦收、發電郵，上社交網跟朋友聊天兒、交流信息。我有空兒時會瀏覽網頁，看看新聞。我還喜歡在網上下載音樂、電影、遊戲等。

2) 聽你這麼説，難道沒有電腦就不能學習、生活了嗎？ 也不是。電腦只能幫助我們學習，不能代替我們學習。

3) 你一般看哪些內容？ 我比較關心時事、政治，還會瀏覽體育、娛樂、時尚方面的新聞。

4) 免費報紙為什麼受歡迎？ 免費報紙方便讀者閱讀、攜帶，內容也非常全面。

5) 你覺得看報對你有哪些幫助？ 看報不僅可以幫我擴大視野、增長知識，而且可以提高我的閱讀速度。

6) 你有做義工或者社區服務的經驗嗎？ 最近一段時間，我在一家老人院做義工。

7) 在做義工的過程中，你有哪些體會、感受？ 通過做義工我體會到了幫助別人的快樂。

8) 你今後還會繼續做義工嗎？ 我會堅持做下去。做義工是一件很有意義的事，讓我在體驗生活的同時也為社會做了貢獻。

1 找相關詞語填空

1) 報紙上的新聞：＿＿＿＿ ＿＿＿＿ ＿＿＿＿ ＿＿＿＿ ＿＿＿＿

2) 要放進回收箱的東西：＿＿＿＿ ＿＿＿＿ ＿＿＿＿ ＿＿＿＿

3) 智能手機可以做的事：＿＿＿＿ ＿＿＿＿ ＿＿＿＿ ＿＿＿＿

4) 可以為養老院的老人做的事：＿＿＿＿ ＿＿＿＿ ＿＿＿＿ ＿＿＿＿

2 用所給詞語填空

> 觀察　產生　代替　收集　瀏覽　扮演　發生　堅持　配合　體驗

1) 電腦在我們的生活中＿＿＿＿著重要的角色。

2) 我有空兒時會＿＿＿＿網頁，看看新聞。

3) 電腦只能幫助我們學習，不能＿＿＿＿我們學習。

4) 手機可以告訴我們世界上＿＿＿＿了什麼事情。

5) 我＿＿＿＿到養老院的老人很孤獨。

6) 在北京期間，我對太極拳和太極劍＿＿＿＿了極大的興趣。

7) 做義工讓我在＿＿＿＿生活的同時也為社會做了貢獻。

8) 餐廳跟我們＿＿＿＿，“綠色星期一”當天只賣素食。

9) 我喜歡把報紙上的好文章剪下來，＿＿＿＿起來。

10) 回到美國後我＿＿＿＿練太極劍。

3 組詞並寫出意思

1) 放鬆＿＿＿＿：＿＿＿＿＿＿

2) 聯絡＿＿＿＿：＿＿＿＿＿＿

3) 查＿＿＿＿＿：＿＿＿＿＿＿

4) 交流＿＿＿＿：＿＿＿＿＿＿

5) 整理＿＿＿＿：＿＿＿＿＿＿

6) 曬＿＿＿＿＿：＿＿＿＿＿＿

7) 擴大＿＿＿＿：＿＿＿＿＿＿

8) 播放＿＿＿＿：＿＿＿＿＿＿

1) 即使父母不同意，他也要學表演專業。

2) Even though smart phones can do a lot of things for us, we should not rely on them too much.

3) 跟上個月相比，自備水瓶上學的同學更多了。

4) Compared with fee-paying newspapers, free newspapers carry more advertisements.

5) 我一方面可以體驗生活，另一方面可以為社會做貢獻。

6) On the one hand, I want to spend more time with my grandparents, on the other hand, I want to learn some Chinese.

7) 最讓我們高興的是更多的青年人開始關心環保問題了。

8) What makes us most satisfied is that there is now less garbage in school than before.

5 組詞並寫出意思

1) yú ☐樂

2) zī ☐料

3) què ☐實

4) zhěng ☐齊

5) qīng ☐楚

6) bō ☐放

7) kěn ☐定

8) gāng ☐好

9) gǎn ☐受

10) lù ☐像

11) biāo ☐題

12) zǐ ☐細

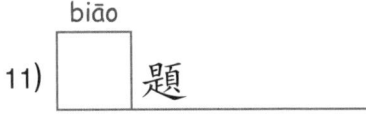 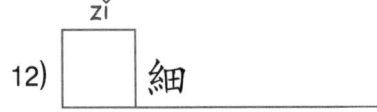

13) nào ☐鐘

14) àn ☐時

15) huá ☐僑

6 造句

1) 難道　學習　生活：

2) 隨時　陪伴　事情：

3) 擴大　增長　速度：

4) 業餘　強身　放鬆：

5) 關愛　公益　意義：

6) 舉辦　習慣　節約：

7 閱讀理解

1　我很愛看《都市日報》。報上的文章短小精悍，非常適合人們乘地鐵上班、上學的時候讀。報上的文章雖然篇幅不長，但內容十分廣泛，有國內新聞、國際新聞、娛樂八卦、體育新聞、天氣預報、電影評論，還有一些有趣的專欄文章。我父母和很多朋友也喜歡看這份免費小報。

判斷正誤：

□ 1) 坐地鐵上班、上學的人可以讀《都市日報》。

□ 2) 報上的內容很全。

□ 3) 報上沒有娛樂新聞。

□ 4) 看《都市日報》不用花錢。

2　因為我每天上學、放學路上要花很長時間，所以媽媽給我買了 Kindle 電子書閱讀器。我一下子就喜歡上了 Kindle：它小巧、輕便；可以看書，也可以上網；上面的字很清晰，閱讀時眼睛一點兒都不累；它的電池也不用經常充電。除此之外，我還可以標注、記筆記。有了 Kindle 以後，我上學、放學的路上再也不覺得無聊了。

判斷正誤：

□ 1) 他家離學校不近。

□ 2) Kindle 不能上網。

□ 3) 用 Kindle 看書時眼睛很累。

□ 4) 可以用 Kindle 一邊讀書一邊記筆記。

□ 5) Kindle 的電池可以用很久。

電腦已經成為我們學習、工作時不可缺少的重要工具了。它給我們帶來了不少方便，但是長時間坐在電腦前對身體健康有很大影響。

長時間坐在電腦前會眼睛發酸，腰酸背疼。長時間用鍵盤、鼠標，手腕關節可能會受損，也就是人們常說的"鼠標手"。長時間對着電腦還會使人精神過度疲勞，工作效率下降。所有這些症狀都是電腦綜合症的表現。

專家建議大家使用電腦時最好每半個小時休息一次，讓眼睛、腰、頸、手和腳放鬆一下。另外，要注意將電腦桌椅調到適當的高度，使眼睛平視前方、身體坐直，減輕眼睛、肩膀和背部的勞累感。除此之外，還要注意不能一邊用電腦一邊吃東西，這樣容易引起消化不良。

A 選擇

1) 在電腦前坐久了會_____。
   a) 頭痛腦熱
   b) 腰背酸疼
   c) 耳聰目明

2) "鼠標手"是指_____。
   a) 手心受損
   b) 手腕有力
   c) 手腕關節受損

B 配對

☐ 1) 用電腦的時間太長
☐ 2) 用電腦的時候
☐ 3) 桌椅的高度如果合適
☐ 4) 一邊上網一邊吃東西
   a) 會很疲勞，效率也會下降。
   b) 對腸胃不好。
   c) 每半小時就應該放鬆一下。
   d) 可以減輕用電腦的疲勞感。
   e) 有利於提高工作效率。
   f) 在生活中扮演着重要角色。

9 寫短文

給國外的朋友寫一封信，介紹你參加的慈善活動。你要寫：

· 你是什麼時候、在哪裏參加這個活動的
· 你做了什麼
· 活動的效果怎麼樣，你有什麼感想

詞彙表

生詞	拼音	意思	課號
A			
愛護	ài hù	take good care of	1
安排	ān pái	arrange	5
按	àn	according to	8
按	àn	press	10
按時	àn shí	on time	10
按照	àn zhào	according to	8
奧林匹克	ào lín pǐ kè	Olympic	3
奧運會	ào yùn huì	Olympic Games	2
B			
辦	bàn	handle	6
半島	bàn dǎo	peninsula	4
伴	bàn	accompany	10
扮	bàn	play the part of	10
扮演	bàn yǎn	play the part of	10
幫手	bāng shou	helping hand	10
棒	bàng	terrific	2
薄	báo	thin	7
保證	bǎo zhèng	ensure; guarantee	8
報道	bào dào	report	10
報告	bào gào	report	6
報考	bào kǎo	register for an examination	3
報紙	bào zhǐ	newspaper	11
暴	bào	sudden and fierce	9
暴飲暴食	bào yǐn bào shí	eat and drink too much (at one meal)	9
北方	běi fāng	north	7
北方人	běi fāng rén	northerner	7
背	bèi	recite	6
輩	bèi	rank in (a family or clan) generational hierarchy	1
逼	bī	force	6
畢	bì	finish; conclude	3
畢業	bì yè	graduate	3
邊遠	biān yuǎn	remote	3
變	biàn	change	3

生詞	拼音	意思	課號
遍	biàn	time; a measure word (denoting an action from beginning to end)	6
標	biāo	mark; sign	11
標題	biāo tí	title; headline	11
表	biǎo	express	1
表示	biǎo shì	express; show	5
表演	biǎo yǎn	performance	5
玻璃	bō li	glass	12
播	bō	spread	10
播放	bō fàng	broadcast	10
博客	bó kè	blog	2
不便	bú biàn	inconvenient	12
不斷	bú duàn	continuously	2
不利	bú lì	unfavourable	8
不論	bú lùn	regardless of	1
不論……都……	bú lùn... dōu...	regardless of	1
部分	bù fen	part; portion	3
不管	bù guǎn	no matter (what, how, etc.)	1
不管……都……	bù guǎn... dōu...	no matter	1
不良	bù liáng	bad	9
C			
猜	cāi	guess	5
才	cái	can only...when...	9
餐具	cān jù	tableware	12
查	chá	look up	10
產	chǎn	produce	11
產生	chǎn shēng	produce; generate	11
長江	cháng jiāng	the Yangtze River	4
腸	cháng	intestines	9
腸胃	cháng wèi	digestive system	9
抄	chāo	copy	6
超過	chāo guò	surpass	4
超級	chāo jí	super	2
吵架	chǎo jià	quarrel	1
晨	chén	morning	11

生詞	拼音	意思	課號
稱	chēng	name	4
成	chéng	complete	6
成	chéng	achievement	12
成功	chéng gōng	successful	12
成就	chéng jiù	accomplishment	12
成就感	chéng jiù gǎn	sense of accomplishment	12
成立	chéng lì	establish; found	4
誠實	chéng shí	honest	2
城隍廟	chéng huáng miào	town god's temple	5
持	chí	support	1
充	chōng	sufficient	8
充足	chōng zú	sufficient	8
重陽節	chóng yáng jié	the Double Ninth Festival (9th day of the 9th lunar month)	9
抽	chōu	take a part from a whole	2
出口	chū kǒu	exit	11
出色	chū sè	outstanding; remarkable	2
初級	chū jí	elementary	5
除此之外	chú cǐ zhī wài	besides this	8
楚	chǔ	clear	10
穿着	chuān zhuó	dress	2
傳	chuán	transmit	11
詞	cí	word	5
詞彙	cí huì	vocabulary	6
慈	cí	kind; loving	3
慈善	cí shàn	charitable	3
蔥	cōng	green onion	7
蔥花	cōng huā	chopped green onion	7
脆	cuì	crisp	7
錯別字	cuò bié zì	wrongly written character	6

		D	
達	dá	go through to	4
答	dá	answer	6
打麻將	dǎ má jiàng	play mahjong	12
打字	dǎ zì	type	10
大餅	dà bǐng	baked pancake	7
大吃大喝	dà chī dà hē	indulge in wining and dining	9
大多數	dà duō shù	great majority	5
大方	dà fang	generous	2

生詞	拼音	意思	課號
大家	dà jiā	everybody	9
大量	dà liàng	large number; great quantity	8
大陸	dà lù	continent; mainland	5
大意	dà yì	general idea; main points	5
大有長進	dà yǒu zhǎng jìn	improved a lot	11
大魚大肉	dà yú dà ròu	abundant fish and meat; rich food	9
代替	dài tì	replace	10
袋	dài	bag	12
單	dān	single	2
單詞	dān cí	word	6
單打	dān dǎ	singles	2
淡	dàn	light; mild	7
蛋白質	dàn bái zhì	protein	8
當	dāng	when; while	5
當天	dàng tiān	the same day	12
島	dǎo	island	4
道理	dào lǐ	reason	1
地球	dì qiú	the earth	12
地區	dì qū	area; region	3
地形	dì xíng	terrain	4
電燈	diàn dēng	electric light	12
調	diào	tone	5
掉	diào	...away	12
丁	dīng	small cube (of meat or vegetables)	7
盯	dīng	stare at	10
定量	dìng liàng	fixed amount or quantity	9
定時	dìng shí	at fixed time	9
東方	dōng fāng	east	5
東方明珠電視塔	dōng fāng míng zhū diàn shì tǎ	Oriental Pearl TV Tower	5
懂	dǒng	understand	5
豆漿	dòu jiāng	soybean milk	7
豆製品	dòu zhì pǐn	bean products	7
都市	dū shì	city; metropolis	4
獨特	dú tè	unique	4
讀音	dú yīn	pronunciation	5
讀者	dú zhě	reader	11
渡	dù	cross	4

193

生詞	拼音	意思	課號
渡輪	dù lún	ferryboat	4
短訓班	duǎn xùn bān	short-term training course	6
段	duàn	a measure word (used of a section)	12
斷	duàn	break off	2
鍛	duàn	forge	9
鍛煉	duàn liàn	take exercise	9
對	duì	face	10
多麼	duō me	how	2
多數	duō shù	majority; most	5

F

生詞	拼音	意思	課號
發表	fā biǎo	express	1
發火	fā huǒ	get angry; lose temper	1
發胖	fā pàng	gain weight	8
發生	fā shēng	happen	10
發現	fā xiàn	find	6
發音	fā yīn	pronunciation	5
法	fǎ	method	5
法律	fǎ lù	law	3
翻	fān	translate; interpret	6
翻譯	fān yì	translate; interpret	6
煩	fán	annoyed	1
煩惱	fán nǎo	upset; worried	1
繁	fán	numerous; complicated	1
繁多	fán duō	numerous	7
繁華	fán huá	flourishing; bustling	4
繁忙	fán máng	busy	1
繁體字	fán tǐ zì	traditional Chinese characters	5
反	fǎn	reverse	11
反復	fǎn fù	repeatedly	11
方	fāng	method	5
方法	fāng fǎ	method	5
防	fáng	prevent	9
訪	fǎng	visit	9
放鬆	fàng sōng	relax	10
放心	fàng xīn	rest assured	10
肥	féi	fat	9
肥胖	féi pàng	fat	9
肥胖症	féi pàng zhèng	obesity	9

生詞	拼音	意思	課號
廢	fèi	waste	12
廢紙	fèi zhǐ	waste paper	12
分	fēn	divide	1
分	fēn	one-tenth	9
分享	fēn xiǎng	share	1
豐盛	fēng shèng	lavish	9
風箏	fēng zheng	kite	5
福	fú	luck; happiness	1
福建	fú jiàn	Fujian Province	2
負	fù	bear	2
負責	fù zé	serious	2
傅	fù	teacher	11

G

生詞	拼音	意思	課號
改	gǎi	change	3
改	gǎi	correct	10
改變	gǎi biàn	change	3
鈣	gài	calcium	8
概括	gài kuò	summarize	7
趕上	gǎn shàng	come across	12
感受	gǎn shòu	feel	12
幹活兒	gàn huór	do manual labour	12
剛好	gāng hǎo	happen to	12
高血壓	gāo xuè yā	high blood pressure	9
高原	gāo yuán	plateau	4
個性	gè xìng	personality	2
跟	gēn	from; to	11
公共交通	gōng gòng jiāo tōng	public transportation	4
公交	gōng jiāo	public transportation	4
公里	gōng lǐ	kilometre	4
公益	gōng yì	public welfare	12
共和國	gòng hé guó	republic	4
貢	gòng	tribute	12
貢獻	gòng xiàn	contribution	12
溝	gōu	channel	1
溝通	gōu tōng	connect	1
夠	gòu	enough	8
孤	gū	lonely	12
孤獨	gū dú	lonely	12

生詞	拼音	意思	課號
古國	gǔ guó	country with a long history	4
穀	gǔ	cereal; grain	8
鼓	gǔ	stir up	1
鼓勵	gǔ lì	encourage	1
關	guān	turn off; close	12
關愛	guān ài	love and care	12
關係	guān xi	relationship	1
觀察	guān chá	observe	12
官	guān	government official	5
官方	guān fāng	official	5
管	guǎn	bother about	1
冠	guàn	first place; champion	2
冠軍	guàn jūn	champion	2
罐	guàn	tin	12
廣告	guǎng gào	advertisement	11
果醬	guǒ jiàng	jam	7
果子	guǒ zi	deep-fried doughnut	7
過程	guò chéng	course; process	6
過量	guò liàng	excessive	9

H

生詞	拼音	意思	課號
海南島	hǎi nán dǎo	Hainan Island	4
海鮮	hǎi xiān	seafood	7
含	hán	contain	8
漢族	hàn zú	Han nationality	4
好	hǎo	be easy to do	1
好	hǎo	so that	5
好像	hǎo xiàng	seem	11
何	hé	what; where; who	12
河	hé	river	4
河流	hé liú	rivers	4
衡	héng	balanced	8
後果	hòu guǒ	consequence	9
湖	hú	lake	4
湖泊	hú pō	lakes	4
互	hù	each other	1
互相	hù xiāng	each other	1
花生	huā shēng	peanut	7
花生醬	huā shēng jiàng	peanut butter	7

生詞	拼音	意思	課號
花樣	huā yàng	variety	7
花樣繁多	huā yàng fán duō	of all shapes and colours	7
華	huá	China; prosperous	4
華僑	huá qiáo	overseas Chinese	11
華裔	huá yì	foreign citizens of Chinese origin or descent	4
化	huà	-ize; -ify	6
化	huà	melt	9
化合物	huà hé wù	chemical compound	8
劃	huà	divide	3
畫家	huà jiā	painter; artist	3
環保	huán bǎo	environmental protection	12
黃河	huáng hé	the Yellow River	4
黃油	huáng yóu	butter	7
回答	huí dá	answer	6
回收	huí shōu	recycle	12
彙	huì	collection	6
會	huì	society	12
繪	huì	paint; draw	3
繪畫	huì huà	drawing; painting	3
餛飩	hún tun	wonton	7
活兒	huór	work	12
獲	huò	get	2
獲得	huò dé	get	2

J

生詞	拼音	意思	課號
幾	jī	nearly; almost	9
幾乎	jī hū	nearly; almost	9
積	jī	accumulate	4
及時	jí shí	in time	1
即	jí	even if	10
即使	jí shǐ	even if	10
即使……也……	jí shǐ... yě...	even if	10
疾	jí	disease	9
疾病	jí bìng	disease	9
集	jí	gather	8
集中	jí zhōng	concentrate	8
計	jì	plan	3
計劃	jì huà	plan	3
技	jì	skill	2

生詞	拼音	意思	課號
技能	jì néng	skill	6
繼	jì	continue	1
繼續	jì xù	continue	1
加	jiā	increase	6
加上	jiā shàng	moreover	9
堅	jiān	firm	6
堅持	jiān chí	persist in; persevere in	6
煎	jiān	fry in shallow oil	7
煎餅	jiān bing	thin pancake	7
煎餅果子	jiān bing guǒ zi	fried pancake rolled up with egg filling	7
煎蛋	jiān dàn	fried egg	7
剪	jiǎn	cut (with scissors)	5
剪報	jiǎn bào	cut out (useful information) from newspapers	11
剪紙	jiǎn zhǐ	paper-cut	5
簡體字	jiǎn tǐ zì	simplified Chinese characters	5
見習	jiàn xí	learn on the job	3
建議	jiàn yì	proposal; suggestion	1
劍	jiàn	sword	11
鍵	jiàn	key (of a computer, piano, etc.)	10
江	jiāng	river	4
將	jiāng	a particle	12
漿	jiāng	thick liquid	7
講	jiǎng	speak; talk	1
講究	jiǎng jiu	be particular about	7
講課	jiǎng kè	teach; lecture	6
醬	jiàng	things pickled; sauce	7
醬菜	jiàng cài	pickles	7
醬油	jiàng yóu	soy sauce	7
交流	jiāo liú	exchange	1
郊	jiāo	suburbs	4
郊野	jiāo yě	outskirts; countryside	4
嬌	jiāo	pamper	12
嬌生慣養	jiāo shēng guàn yǎng	be pampered and spoiled	12
椒	jiāo	any of hot spice plants	7
叫	jiào	make	10
教授	jiào shòu	professor	3
節	jié	save	12

生詞	拼音	意思	課號
節能	jié néng	save energy	12
節約	jié yuē	save	12
節奏	jié zòu	rhythm	9
潔	jié	clean	12
解	jiě	understand; untie	1
解決	jiě jué	solve	1
今後	jīn hòu	from now on	12
金	jīn	gold	8
金字塔	jīn zì tǎ	pyramid	8
儘	jǐn	to the greatest extent	2
儘管	jǐn guǎn	though	2
儘管……，但是……	jǐn guǎn..., dàn shì...	though	2
盡	jìn	to the limit	2
進	jìn	eat; drink	9
進餐	jìn cān	have a meal	9
京劇	jīng jù	Beijing opera	5
經過	jīng guò	after; through	11
經濟學	jīng jì xué	economics	3
經驗	jīng yàn	experience	12
精	jīng	superb	2
精彩	jīng cǎi	wonderful	2
精力	jīng lì	energy; vigour	8
競	jìng	compete	3
競賽	jìng sài	competition	3
究	jiū	go into; probe	7
九龍	jiǔ lóng	Kowloon	4
久而久之	jiǔ ér jiǔ zhī	as time passes	9
就	jiù	complete	12
就是	jiù shì	just; only	3
舉	jǔ	initiate	12
舉辦	jǔ bàn	hold; run	12
句	jù	sentence	5
句子	jù zi	sentence	5
具體	jù tǐ	specific	6
俱	jù	all; completely	7
俱全	jù quán	complete in all varieties	7
聚餐	jù cān	have a dinner party	9
捲	juǎn	roll (up)	7

生詞	拼音	意思	課號
決	jué	decide	1
決定	jué dìng	decide	1
角色	jué sè	role	10
軍	jūn	army	2
均	jūn	equal	8
均衡	jūn héng	balance	8

K			
開朗	kāi lǎng	cheerful; optimistic	2
靠	kào	rely on	1
刻苦	kè kǔ	hardworking	2
課堂	kè táng	classroom	2
肯	kěn	agree	10
肯定	kěn dìng	certainly	10
空兒	kòngr	free time	10
口頭	kǒu tóu	oral	6
口語	kǒu yǔ	spoken language	6
哭	kū	cry; weep	6
苦	kǔ	hard; weary	2
酷	kù	cool	2
會計	kuài jì	accounting	3
會計師	kuài jì shī	accountant	3
塊	kuài	lump	7
況	kuàng	situation	2
礦	kuàng	mine	8
礦物	kuàng wù	mineral	8
礦物質	kuàng wù zhì	mineral substance	8
困	kùn	difficulty	5
困難	kùn nan	difficulty	5
擴	kuò	broaden	11
擴大	kuò dà	broaden	11

L			
垃圾	lā jī	rubbish	9
辣椒	là jiāo	chilli; hot pepper	7
辣椒醬	là jiāo jiàng	chilli sauce	7
賴	lài	rely on	10
欄	lán	column	11
朗	lǎng	light; bright	2
浪	làng	unrestrained	6

生詞	拼音	意思	課號
浪費	làng fèi	waste	6
老年人	lǎo nián rén	old people	11
老人院	lǎo rén yuàn	old people's home	12
瞭	liǎo	understand	3
瞭解	liǎo jiě	understand	3
離	lí	without	7
離島	lí dǎo	islets off a big island	4
理解	lǐ jiě	understand	1
立	lì	set up	4
立刻	lì kè	immediately	10
勵	lì	encourage	1
利	lì	smooth	6
利	lì	benefit	8
例	lì	example	3
例如	lì rú	for example	5
例子	lì zi	example	3
聯絡	lián luò	contact	10
臉譜	liǎn pǔ	types of facial make-up in Chinese operas	5
煉	liàn	smelt; refine	9
良好	liáng hǎo	good; fine	9
涼	liáng	cool; cold	5
涼快	liáng kuai	nice and cool	5
林丹	lín dān	a Chinese badminton player	2
瀏覽	liú lǎn	browse	10
留	liú	stay	3
流利	liú lì	fluent	6
陸	lù	land	5
錄	lù	record	11
錄像	lù xiàng	video	11
倫敦	lún dūn	London	2
輪椅	lún yǐ	wheelchair	12
論	lùn	consider	1
絡	luò	hold something in place with a net	10

M			
麻煩	má fan	bother (someone)	5
麻將	má jiàng	mahjong	12
馬來西亞	mǎ lái xī yà	Malaysia	5
饅頭	mán tou	steamed bun	7

生詞	拼音	意思	課號
滿	mǎn	satisfied	12
滿意	mǎn yì	satisfied	12
漫	màn	free; casual	11
漫畫	màn huà	cartoon	11
美食	měi shí	delicious food	4
夢	mèng	dream	3
夢想	mèng xiǎng	dream	3
迷	mí	be fascinated by	11
面積	miàn jī	area	4
麵食	miàn shí	cooked wheaten food	7
廟	miào	temple	5
民族	mín zú	nationality	4
名	míng	a measure word (used for people)	3
名人	míng rén	famous person	2
明珠	míng zhū	bright pearl	5
抹	mǒ	put on	7
目前	mù qián	at present	4

生詞	拼音	意思	課號
N			
奶油	nǎi yóu	cream	9
奶製品	nǎi zhì pǐn	diary products	8
男子	nán zǐ	man	2
南方	nán fāng	south	7
南方人	nán fāng rén	southerner	7
難道	nán dào	Could it be said that...	10
難過	nán guò	feel bad	1
惱	nǎo	annoyed	1
鬧	nào	noisy	10
鬧鐘	nào zhōng	alarm clock	10
呢	ne	a particle	5
內容	nèi róng	content	5
能力	néng lì	ability	6
能量	néng liàng	energy	8
年輕	nián qīng	young	10
年輕人	nián qīng rén	young people	10
尿	niào	urine	9
暖和	nuǎn huo	warm	5

生詞	拼音	意思	課號
P			
排	pái	arrange in order	4

生詞	拼音	意思	課號
派	pài	dispatch	11
派發	pài fā	dispatch	11
陪	péi	accompany	10
陪伴	péi bàn	accompany	10
配	pèi	mix	12
配合	pèi hé	coordinate	12
篇	piān	a measure word (used for writing)	6
篇章	piān zhāng	articles	11
拼	pīn	put together	5
拼音	pīn yīn	Pinyin	5
平方	píng fāng	square	4
平原	píng yuán	plain; flatlands	4
泊	pō	lake	4
普	pǔ	general; common	5
普通	pǔ tōng	ordinary; common	5
普通話	pǔ tōng huà	putonghua, common speech (of the Chinese Language)	5
譜	pǔ	manual; guide	5

生詞	拼音	意思	課號
Q			
齊	qí	in good order	10
其次	qí cì	secondly	9
千萬	qiān wàn	be sure to	9
強	qiáng	strong	6
強化	qiáng huà	strengthen	6
強身	qiáng shēn	keep fit by physical exercise	11
強調	qiáng diào	stress	7
僑	qiáo	foreign national	11
切	qiē	cut	7
勤	qín	diligent	11
勤學苦練	qín xué kǔ liàn	study diligently and train hard	11
青年	qīng nián	youth	11
青年人	qīng nián rén	young people	11
青少年	qīng shào nián	teenagers	8
輕	qīng	small in number, degree, etc.	10
清	qīng	clear; plain	7
清楚	qīng chu	be clear about	10
清淡	qīng dàn	light	7

生詞	拼音	意思	課號
清潔	qīng jié	clean	12
情況	qíng kuàng	situation	2
請教	qǐng jiào	seek advice	8
求	qiú	ask; beg	1
球技	qiú jì	ball game skills	2
球迷	qiú mí	(ball game) fan	2
取	qǔ	get	3
去處	qù chù	place	4
全稱	quán chēng	full name	4
全面	quán miàn	comprehensive	11
拳	quán	fist	11
確	què	true	5
確實	què shí	indeed	10
羣	qún	a measure word (used for group, herd, swarm, flock); crowd	11

		R	
讓	ràng	a particle	11
熱愛	rè ài	have deep love for	2
熱量	rè liàng	quantity of heat	9
熱情	rè qíng	warm-hearted	2
人口	rén kǒu	population	4
人們	rén men	people	8
人羣	rén qún	crowd	11
人體	rén tǐ	human body	8
認識	rèn shi	understand; know	6
認真	rèn zhēn	conscientious	2
日子	rì zi	day	11

		S	
色	sè	kind	5
曬	shài	(of the sun) shine upon	12
曬太陽	shài tài yáng	sun bathe	12
山地	shān dì	mountainous region	4
山西	shān xī	Shanxi Province	7
上傳	shàng chuán	upload	11
上吐下瀉	shàng tù xià xiè	suffer from vomiting and diarrhoea	9
尚	shàng	tendency	2
燒	shāo	cook	7
勺	sháo	spoon	12

生詞	拼音	意思	課號
勺子	sháo zi	spoon	12
少數	shǎo shù	minority	4
少數民族	shǎo shù mín zú	minority nationality	4
社	shè	society	1
社工	shè gōng	social worker	1
社會	shè huì	society	12
社交	shè jiāo	social contact	10
社交網	shè jiāo wǎng	Social Network Site	10
社區	shè qū	community	12
攝	shè	shoot	10
攝像	shè xiàng	make a video recording	10
申	shēn	state; explain	3
申請	shēn qǐng	apply for	3
身邊	shēn biān	at or by one's side	10
身體	shēn tǐ	body; health	8
深	shēn	deep; deeply	7
生	shēng	not familiar	6
生詞	shēng cí	new word	6
聲	shēng	tone	5
聲調	shēng diào	tone	5
省	shěng	province	4
省	shěng	save	10
盛	shèng	rich	9
師傅	shī fu	master	11
獅子	shī zi	lion	5
獅子頭	shī zi tóu	large meatball	5
十分	shí fēn	very; extremely	1
時刻	shí kè	moment	10
時尚	shí shàng	fashionable; fashion	2
時事	shí shì	current affairs	11
識	shí	knowledge	2
使	shǐ	use	5
使	shǐ	make	8
使用	shǐ yòng	use	5
示	shì	show	5
視力	shì lì	eyesight	10
視野	shì yě	field of vision	11
適量	shì liàng	just the right amount	8
收費	shōu fèi	collect fees; charge	11

生詞	拼音	意思	課號
收穫	shōu huò	gains	6
收集	shōu jí	collect	11
首先	shǒu xiān	first of all	9
受	shòu	receive	3
授	shòu	teach	3
書報	shū bào	books and newspapers	5
熟	shú	cooked	7
屬	shǔ	belong to	8
屬於	shǔ yú	belong to	8
數學家	shù xué jiā	mathematician	3
水平	shuǐ píng	standard; level	6
說法	shuō fǎ	view	7
四通八達	sì tōng bā dá	extend in all directions	4
四周	sì zhōu	all around	4
鬆	sōng	relax	10
素	sù	basic element	8
素食	sù shí	vegetarian diet	12
速	sù	speed	11
速度	sù dù	speed	11
塑	sù	plastics	12
塑料	sù liào	plastics	12
算數	suàn shù	count	10
隨時	suí shí	at any time	10
隨手	suí shǒu	conveniently	12

生詞	拼音	意思	課號
T			
塔	tǎ	tower	5
台灣島	tái wān dǎo	Taiwan Island	4
太極拳	tài jí quán	taijiquan	11
灘	tān	beach	5
碳	tàn	carbon	8
碳水化合物	tàn shuǐ huà hé wù	carbohydrate	8
糖尿病	táng niào bìng	diabetes	9
特色	tè sè	distinctive feature	5
提	tí	put forward	1
提	tí	mention	8
提高	tí gāo	improve	6
提醒	tí xǐng	remind	2

生詞	拼音	意思	課號
體會	tǐ huì	know (from experience)	6
體驗	tǐ yàn	learn through experience	12
體重	tǐ zhòng	weight	9
替	tì	replace	10
天堂	tiān táng	paradise	4
天下	tiān xià	world	1
甜麵醬	tián miàn jiàng	sweet sauce made of fermented flour	7
聽話	tīng huà	be obedient	1
聽力	tīng lì	listening comprehension	6
聽寫	tīng xiě	dictation	6
同時	tóng shí	at the same time	12
吐	tù	vomit	9
推	tuī	push	12

生詞	拼音	意思	課號
W			
外國	wài guó	foreign country	11
外國人	wài guó rén	foreigner	11
外灘	wài tān	the Bund (in Shanghai)	5
外向	wài xiàng	extravert	2
晚輩	wǎn bèi	younger generation	1
網頁	wǎng yè	webpage	10
忘記	wàng jì	forget	10
為	wéi	(serve) as	7
唯	wéi	only	11
唯一	wéi yī	only	11
維生素	wéi shēng sù	vitamin	8
維他命	wéi tā mìng	vitamin	8
胃	wèi	stomach	9
胃口	wèi kǒu	appetite	9
溫暖	wēn nuǎn	warm	1
文化	wén huà	culture	5
文明	wén míng	civilized; civilization	4
文章	wén zhāng	article	5
文字	wén zì	characters	5
聞	wén	hear	2
聞名	wén míng	well-known	2
無論	wú lùn	regardless of	2
無論……都……	wú lùn... dōu...	regardless of	2

生詞	拼音	意思	課號
X			
喜愛	xǐ ài	love	7
細	xì	careful	11
轄	xiá	govern	4
下來	xià lai	end	6
下載	xià zài	download	10
下去	xia qu	indicate the continuation of an action	6
纖	xiān	fine; tiny	8
纖維	xiān wéi	fibre	8
鮮美	xiān měi	delicious	7
獻	xiàn	offer	12
相比	xiāng bǐ	compare with	11
相當	xiāng dāng	quite	6
相親相愛	xiāng qīn xiāng ài	love each other	1
香港島	xiāng gǎng dǎo	Hong Kong Island	4
香港仔	xiāng gǎng zǎi	Aberdeen (a place in Hong Kong)	4
享	xiǎng	enjoy	1
想法	xiǎng fǎ	view; opinion	1
項	xiàng	a measure word (used of itemized things)	6
消	xiāo	disappear	9
消化	xiāo huà	digest	9
消化不良	xiāo huà bù liáng	indigestion	9
宵	xiāo	night	9
校長	xiào zhǎng	headmaster; principal	2
效	xiào	effect	6
效果	xiào guǒ	effect; result	6
攜	xié	bring along	11
攜帶	xié dài	bring along	11
寫作	xiě zuò	writing	6
瀉	xiè	have loose bowels	9
心情	xīn qíng	mood	11
心臟	xīn zàng	heart	9
心臟病	xīn zàng bìng	heart disease	9
新界	xīn jiè	New Territories	4
新聞	xīn wén	news	10
信息	xìn xī	information	10
行	xíng	carry out	4
行動	xíng dòng	move about	12

生詞	拼音	意思	課號
行政	xíng zhèng	administrative	4
形	xíng	form; shape	4
形狀	xíng zhuàng	shape	7
醒	xǐng	wake up (to reality)	2
幸福	xìng fú	happy; happiness	1
性	xìng	a noun-forming suffix	6
需	xū	need	2
需要	xū yào	need	2
許	xǔ	expressing extent or amount	4
許多	xǔ duō	lots of	4
續	xù	continue	1
學費	xué fèi	tuition fee	6
血	xuè	blood	9
血壓	xuè yā	blood pressure	9
血脂	xuè zhī	blood fat	9
Y			
壓	yā	pressure	9
沿海	yán hǎi	coastal	4
鹽	yán	salt	7
養	yǎng	form; cultivate	6
養老院	yǎng lǎo yuàn	old people's home	12
要求	yāo qiú	demand; request	1
要是	yào shi	if	10
要是……也……	yào shi... yě...	if	10
野	yě	open country; wild land	4
業餘	yè yú	sparetime	11
頁	yè	page	10
一流	yī liú	top-rate; first-class	3
衣物	yī wù	clothing and other articles of daily use	12
醫學	yī xué	medical science	3
依	yī	rely on	10
依賴	yī lài	rely on	10
一次性	yí cì xìng	only once	12
一帶	yí dài	surrounding; area	7
一下子	yí xià zi	all at once	11
以	yǐ	take	7
以為	yǐ wéi	think; believe	6

生詞	拼音	意思	課號
億	yì	hundred million	4
義	yì	be voluntary	3
義工	yì gōng	volunteer	3
藝	yì	art	3
藝術	yì shù	art	3
藝術家	yì shù jiā	artist	3
議	yì	opinion; view	1
譯	yì	translate; interpret	6
益	yì	benefit	12
裔	yì	descendants	4
意見	yì jiàn	view; opinion	1
意義	yì yì	meaning	12
因此	yīn cǐ	therefore	9
引	yǐn	cause	9
引起	yǐn qǐ	cause	9
飲食	yǐn shí	food and drink; diet	7
營養	yíng yǎng	nutrition	8
營養師	yíng yǎng shī	nutritionist; dietician	8
影響	yǐng xiǎng	influence	2
用途	yòng tú	use	10
由	yóu	by	5
油條	yóu tiáo	deep-fried twisted dough sticks	7
遊學	yóu xué	study tour	5
有	yǒu	one; some	11
有關	yǒu guān	relevant	3
有效	yǒu xiào	effective	6
幼稚	yòu zhì	young	3
幼稚園	yòu zhì yuán	kindergarten	3
餘	yú	sparetime	11
娛	yú	entertainment	10
娛樂	yú lè	entertainment	10
玉	yù	jade	8
玉米	yù mǐ	corn	8
預防	yù fáng	take precautions against	9
遇	yù	encounter	1
遇到	yù dào	come across	1
元宵節	yuán xiāo jié	the Lantern Festival (15th day of the 1st lunar month)	9
原	yuán	primary; original	3

生詞	拼音	意思	課號
原	yuán	plain; open country	4
原來	yuán lái	as it turns out to be	6
原因	yuán yīn	cause; reason	3
願	yuàn	be willing to	1
願意	yuàn yì	be willing to	1
約	yuē	economical	12
閱	yuè	read	6
閱讀	yuè dú	read	6
運動員	yùn dòng yuán	athlete	2

Z

生詞	拼音	意思	課號
雜技	zá jì	acrobatics	5
載	zài	record	10
再用	zài yòng	reuse	12
臟	zàng	internal organs of the body	9
早晨	zǎo chen	(early) morning	11
造	zào	make	6
造句	zào jù	make sentences	6
增	zēng	increase	6
增加	zēng jiā	increase	6
增長	zēng zhǎng	increase	11
佔	zhàn	make up	4
章	zhāng	chapter	5
長輩	zhǎng bèi	senior members of a family	1
長進	zhǎng jìn	improve	11
照	zhào	according to	1
照相	zhào xiàng	take a picture or photo	10
爭	zhēng	strive	3
爭取	zhēng qǔ	strive for	3
箏	zhēng	ancient Chinese zither	5
整	zhěng	orderly	10
整	zhěng	put in order	12
整理	zhěng lǐ	put in order	12
整齊	zhěng qí	even; neat	10
正確	zhèng què	correct	5
證	zhèng	prove	8
政	zhèng	administrative affairs of certain government departments	4
政治	zhèng zhì	politics	11

生詞	拼音	意思	課號
症	zhèng	illness	9
之	zhī	's; of	3
之後	zhī hòu	after; afterwards	4
之一	zhī yī	one of	3
支持	zhī chí	support	1
只要	zhǐ yào	provided	1
只要……就……	zhǐ yào... jiù...	provided	1
只有	zhǐ yǒu	only	8
只有……才……	zhǐ yǒu... cái...	only	8
知識	zhī shi	knowledge	2
脂	zhī	fat	8
脂肪	zhī fáng	fat	8
直轄市	zhí xiá shì	municipality directly under the Central Government	4
值	zhí	be worth	6
值得	zhí dé	be worth	6
植	zhí	plant	9
植物	zhí wù	plant	9
植物油	zhí wù yóu	vegetable oil	9
製	zhì	make	7
製品	zhì pǐn	products	7
治	zhì	rule; govern	4
智	zhì	intelligence	10
智能	zhì néng	intelligent	10
智能手機	zhì néng shǒu jī	smart phone	10
稚	zhì	young	3
中華人民共和國	zhōng huá rén mín gòng hé guó	the People's Republic of China	4
種類	zhǒng lèi	variety	7
重	zhòng	heavy	7
重要性	zhòng yào xìng	importance	6
珠	zhū	pearl	5
主食	zhǔ shí	staple food	7
主要	zhǔ yào	main	8
煮	zhǔ	boil	7
注	zhù	concentrate	8
注意	zhù yì	pay attention to	8
專	zhuān	specialized	3
專欄	zhuān lán	(special) column	11

生詞	拼音	意思	課號
專業	zhuān yè	special field of study	3
狀	zhuàng	shape	7
準	zhǔn	accurate	6
資	zī	information	10
資料	zī liào	information	10
仔	zǐ	tiny; trivial	11
仔細	zǐ xì	careful	11
自然	zì rán	nature	4
自信	zì xìn	self-confident	1
自治區	zì zhì qū	autonomous region	4
字典	zì diǎn	dictionary	10
總	zǒng	total	4
總數	zǒng shù	total	5
走	zǒu	visit	9
走親訪友	zǒu qīn fǎng yǒu	call on relatives and friends	9
奏	zòu	play; perform	9
足	zú	adequate; enough	8
足夠	zú gòu	enough	8
族	zú	ethnic group	4
組成	zǔ chéng	consist of	5
作文	zuò wén	composition	6